Piensa, es gratis

Divulgación
Actualidad

Joaquín Lorente

Piensa, es gratis

84 ideas prácticas para potenciar el talento

Planeta

El papel utilizado para la impresión de este libro es cien por cien libre de cloro y está calificado como **papel ecológico**.

Avinguda Diagonal, 662, 6.ª planta. 08034 Barcelona (España)
www.planetadelibros.com

Diseño de la cubierta: Mario Eskenazi
Fotografía del autor: © Ángela Becerra
Primera edición en Colección Booket: septiembre de 2010
Segunda impresión: noviembre de 2010
Tercera impresión: enero de 2011
Cuarta impresión: marzo de 2011
Quinta impresión: mayo de 2011
Sexta impresión: septiembre de 2011

Depósito legal: B. 33.774-2011
ISBN: 978-84-08-09499-9
Impreso y encuadernado en Barcelona por: blackprint A CPI COMPANY
Printed in Spain - Impreso en España

Biografía

Joaquín Lorente (Barcelona, 1943) es uno de los mejores publicistas del mundo, es el paradigma de una vida puntera y rompedora en la evolución de la creatividad y la comunicación. Considerado *enfant terrible* de la publicidad, a los 27 años promovió y fundó MMLB, el mítico grupo que transformó todo lo establecido en la creatividad publicitaria en España, hasta situarla en primera posición internacional y, desde 1985, al frente del mayor grupo independiente del país. Creador de la imagen y desarrollo de múltiples marcas como Osborne, Central Lechera Asturiana, Allianz, Dodot o Evax, y de algunas que hoy son referencias mundiales como BBVA, Iberdrola, Camper o Fagor, entre otras. Asesor personal de los presidentes Felipe González y Jordi Pujol, ha desarrollado una importante labor docente a través de numerosas conferencias y artículos. Como escritor, su *Casi todo lo que sé de publicidad* es el libro más vendido de su especialidad en España, y en *Ciudadanos de la Tierra.com*, propone una interesantísima evolución de la democracia del futuro. Su labor creativa ha recibido más de cien premios internacionales entre los que destacan, además de Cannes, Fiap y San Sebastián, los de Mejor creativo de la década, Colegio de Publicitarios, Club de Creativos Españoles y del Gobierno de Catalunya. Su obra creativa fue motivo en 2006 de la exposición antológica «Lorente, creador de marcas».

A Quim, Patricia, Ángela y María,
mi póquer de ases.

Índice

Prólogo

Este libro lo ha escrito quien hasta hace poco fue un inmenso *workaholic*, un alcohólico del trabajo, cuando después de cuarenta y cinco años de magníficos, grandiosos y constantes desafíos, batallas y experiencias, decidió descubrir una vida más sensata.

La sensatez, ese sillón íntimo y confortable donde reposa el cerebro sosegado, me aconsejó que no me podía largar llevándome la esencia de todo cuanto aprendí. Tenía que escribirla y ofrecerla a quien le pudiera interesar, no como relato de batallitas para la historia sino, ojalá, como cerros de experiencia a quien pueda motivar. Por eso, éste es un libro de entrega.

Mientras vivimos, aun sin ser conscientes, todos vamos escribiendo nuestro libro. Éste yo lo inicié a los quince años, cuando empecé a trabajar como mensajero en la actividad que me enloquecía: la de crear y escribir publicidad. Desde entonces han pasado cincuenta años, el tiempo que ha tenido que transcurrir para que ahora lo tengas ante tu cerebro.

He tratado de que cada una de sus raíces se origine, penetre y se clave en la vida. A medida que vayas avanzando, observarás que sus ochenta y cuatro principios pertenecen a tres ramas que te ofrecen distintos frutos. La mayoría son principios para descongestionar y excitar la actitud íntima. Algunos se refieren al mundo empresarial. Y tan sólo tres sobrevuelan la publicidad.

Vengas de donde vengas y vayas adonde vayas, pienso que todos te tienen que interesar. El ser humano es un poliedro que a ratos busca su proyección, a ratos la suma con la de otros para construir y vivir un proyecto común —la actividad profesional— y en ciertos momentos necesita hacer saber que es y existe. Por eso creo que de todos los principios podrás extraer savia para tu camino, porque éste es un libro escrito para el provecho y el bien de quien lo lea.

Sus principios transpiran y exhalan vivencias y experiencias, mías y de otros muchos con quienes tuve oportunidad de hacer y remar. Está escrito desde el tajo y la trinchera, la rasante calle y la gloriosa vida. Está todo lo que aprendí por mí mismo y lo que me inhalaron personajes excepcionales. En esos largos años vendí presidentes de gobierno y refrescos, frigoríficos y calentadores, pasta y bonos del estado, coches y autopistas, bancos y sofás, pañales y diuréticos, aire y raíces, emociones y razones, infinitos y finitos... juro que no te exagero si te digo que lo vendí casi todo.

Ahora, a vida ya oteada, me queda el inmenso placer de haberme entendido y compenetrado con seres a los que, sirviéndoles, tanto me sirvieron. Personajes que algún día la vida reconocerá como excepcionales en la construcción de nuestro país: Isidoro Álvarez y su leal e hiper-pragmático Juanjo Lagares; Antonio Corbella y su constante creatividad e intransigencia con la inconsciencia; Pere Astals y su permanente vuelo aterrizado; Vicente Tardío y su serena y asegurada responsabilidad; José Ángel Sánchez Asiaín y su increíble visión del futuro planeada por un histórico Manolo Sánchez del Valle y un contemporáneo Javier Bernal... estoy hablando de corporaciones empresariales tan trascendentes y bien templadas como El Corte Inglés, Sgaim, Clas, Allianz o BBVA, entre otras muchas.

En estas páginas también está el talento y el carácter de muchísimos más, porque la vida es un permanente ejercicio de influencia y transmisión. Son la gente que me marcó y me hizo a través de su instante y sus vivencias esas cumbres de energía que, sin a veces mutuamente saberlo e incluso aceptarlo, nos rozan y nos hacen.

Sólo deseo, estimado lector que, cualquiera que sea tu circunstancia y momento, este libro te impregne y te sirva. Sólo por esto lo escribí. ¿Se le puede pedir algo más profundo y constructivo a la vida?

Principio 1

Piensa, es gratis

El 75 por ciento de nuestro cuerpo es agua, pero no hay que deprimirse. En la cúspide tenemos una masa blancuzca y gelatinosa cuyo peso oscila alrededor de los 1.300 gramos y a la que la naturaleza, siempre tan sabia, decidió proteger con una hermética y durísima caja, un auténtico búnker óseo. Estamos hablando de la más fascinante y poderosa máquina del universo: el cerebro humano.

A diferencia del resto de los animales que desde su origen siguen y seguirán en su estado primitivo, el actual imparable desarrollo científico, tecnológico y material, así como la hiperoferta de conocimientos, creencias, filosofías, bondades y maldades que nos envuelven, tienen su único origen en la más fascinante capacidad del cerebro humano: la de pensar.

Pensar es nuestra energía suprema, y nuestros pensamientos, ajustados a cada circunstancia, son determinantes en la conducción de nuestras vidas. Sin pensar seríamos simples vegetales; sin tratar de utilizar un mínimo de nuestra calidad pensante, puros animales. Debe de ser por ello que a quienes no ejercen esta capacidad, y cuando lo hacen sólo son capaces de desarrollar brutales instintos primarios, los calificamos como «bestias».

Ahora, cuando estamos entrando en este libro, es necesario recordar un hecho que, de tan conocido, a veces es lastimosamente olvidado. En un mundo en que el dinero es el instrumento más poderoso para poseer y disponer, en el que prácticamente todo tiene un precio y por todo hay que pagar, la capacidad que todo lo decide, dirige y conduce, el poder de pensar, es un don natural. Todos lo poseemos y, como todo lo que procede de la naturaleza, en su origen no cuesta absolutamente nada: es gratis.

Principio 2

La suerte es el azar aprovechado

A quien no crea en el azar conviene recordarle que, desde un punto de vista matemático, todos y sin excepción somos una inconsecuencia del destino.

Por si lo dicho suena a descalificación o agravio, me explicaré: somos el resultado de una gloriosa eyaculación de nuestro padre en la que, entre cuarenta millones de espermas, uno sólo, concreto y determinado fecundó en el único y glorioso óvulo que nuestra madre, aquel mes y no otro, desprendió de entre los más-menos doscientos mil con los que inició su pubertad. El resultado de todo ello, si nos miramos al espejo, lo tenemos frente a nuestras narices: somos puro azar.

Puntualizado el origen, confieso que el azar siempre me obsesionó hasta tal punto que, siendo muy joven y leyendo al sagaz y brillante Winston Churchill, hice mía y para siempre una gigantesca frase: «La suerte es el cuidado de los detalles.» Debo reconocer que su sentencia me ayudó mucho. Hacer la llamada telefónica exacta en el momento preciso, interesarse por una cuestión concreta cuando los competidores dormían la siesta, ser infatigable hasta conseguir la precisión en lo grande y por supuesto y sin excusa en lo ínfimo, saber cuándo el dormir era descanso y cuándo se convertía en freno... aquellos mil mínimos detalles que tensan las neuronas y la acción para ofrecer más que los demás, las entendí como determinantes para conseguir eso que algunos simplifican como «tener suerte». Era el cuidado de los detalles.

Bien apuntalado Churchill en el cerebro, y puesto que este libro es mío y no suyo, decidí encontrar mi propia definición de la suerte. Y para ello la conecté con el azar, el mismo que hizo que naciéramos y el mismo que constantemente se cruza en nuestro caminar.

¿Qué es el azar? Es la conexión inesperada. Y toda conexión contiene y arrastra hechos y circunstancias que, a su vez, conectadas con las nuestras, abren nuevos espacios, posibilidades, conflictos u oportunidades.

Para tener suerte hay que estar constantemente atento y vigilante respecto al azar. Hay que tener las antenas del cerebro bien limpias y estiradas.

El azar, los realmente despiertos lo cazan al vuelo. Les basta una mirada, una sonrisa, un «¿por qué no?», la insinuación de una posibilidad para, como mínimo, contemplar la conveniencia de anudar el contacto y tal vez recorrer y aprovechar un nuevo camino o atajo, porque lo que no se prueba jamás se conoce. Los eremitas, en su soledad, no le dan la menor oportunidad al azar.

Y cuando todo ha funcionado, uno recuerda que su suerte empezó porque detectó y estiró del invisible hilo del azar.

Off the record, pienso que las principales razones del éxito y la trascendencia de Internet son porque se ha convertido en el mayor provocador de azar de la historia.

Principio 3

El triángulo del éxito: una idea, bastante olfato y mucho coraje. El del fracaso: muchas ideas, bastante olfato y cero coraje

Es lógico que muchos pretendan el éxito en lo que emprenden.

Pero el éxito siempre se encuentra al final de una carrera de obstáculos repleta de exigencias, contratiempos, zancadillas e incomprensiones que hay que estar dispuesto a asumir y afrontar. La base de los podios está construida con materiales fundamentalmente humanos: tesón, esfuerzo y una inquebrantable voluntad, fraguados con la inteligencia y la sagacidad.

Imaginemos una pirámide. En su cumbre, ese vértice superior que coincide con nuestro cerebro, fijamos nuestro gran objetivo, aquello que queremos conseguir. Es una sola cosa: concreta, lineal, sin laberintos, porque la dispersión es el mejor sistema para caer golpeado y rodando hasta el duro suelo.

A veces, una vez iniciado el descenso hacia las fases del desarrollo, podemos vislumbrar nuevas perspectivas que ni sospechábamos. Cuando eso ocurre, lo importante es regresar a la cumbre y cambiar nuestro vértice, tomando conciencia de que nuestra intención inicial cambió. Habrá que reprogramarse mentalmente para el nuevo objetivo, siempre uno, siempre nítido, siempre allí, desafiándonos. Las metas sólo son eso.

Iniciado el descenso, muy pronto nos encontraremos con nuestra nariz, imprescindible para husmear los ambientes propicios y los adversos de nuestro entorno competitivo. La nariz nos tiene que servir para oler tempestades, adentrarnos en las esencias humanas, detectar tufos maliciosos y percibir los, muchas veces, ocultos matices que envuelven a nuestros interlocutores.

Ese don innato y desconocido que algunos definen como «sexto sentido», posiblemente se encuentre en la nariz. No en vano, junto a los ojos para

LA TEORÍA DEL TRIÁNGULO
El del éxito

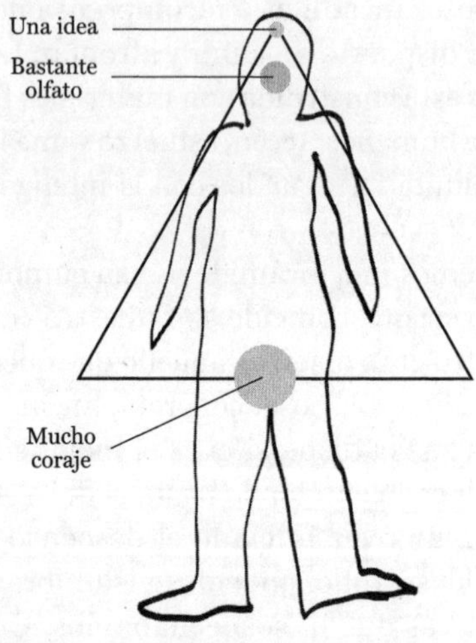

explorar y los oídos para entender, es el órgano que más próximo se encuentra al cerebro.

Por último llegamos a la base de nuestra pirámide, que a efectos de visual metáfora física situaremos exactamente a una distancia de algo más de un palmo por debajo del ombligo. Allí es donde se concentra la osadía pragmática y el tesón incombustible, aquel que no conoce más límite que el del agotamiento capaz de autoalimentarse para generar, ante las situaciones más desfallecedoras, nueva osadía pragmática y tesón incombustible.

Así se hizo y así se seguirá haciendo la historia. Todas las mujeres y hombres con dotes de liderazgo poseen este triángulo. Muchos lo ocultan pero lo practican. Otros, por su rol social o su ego, acaban mostrándolo.

Hoy, la cantidad, versatilidad y profundidad

LA TEORÍA DEL TRIÁNGULO

El del fracaso

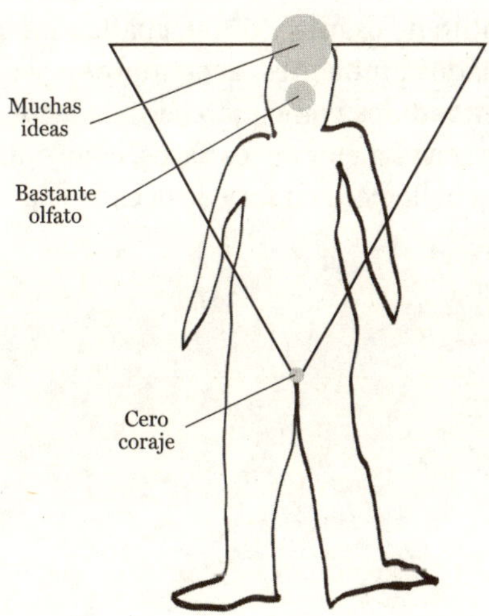

de conocimientos al alcance de muchos tiende a invertir el triángulo del éxito. En la parte superior, es decir en el cerebro, el vértice de lo concreto y simple ha quedado sustituido por una ingente cantidad de análisis, estudios, encuestas, hipótesis, macro y micromodelos, comités, subcomités y mil y un discernimientos y teorías. La visión única, aguda y erecta ha sido aplanada y muchas veces aplastada por un exceso de conocimientos que a su vez incorporan nuevas dudas, un ejercicio permanente que, entre otros fines, tiene el de mantener económicamente a sus propagadores.

Si descendemos hasta el olfato, nos encontraremos que ha sido ampliado no de forma natural, sino con numerosos filtros que más tupidos se vuelven cuanto más poder se da a los generalmente temerosos niveles medios del organigrama. El resultado es un exceso de barreras que dificulta la respiración natural, que casi siempre pasa a ser asistida.

Cuando llegamos a la base de la pirámide, es fácil observar que ésta se invirtió y sólo queda un mínimo puntito de osadía y tesón, cualidades que, en determinados ambientes, acostumbran ser socialmente entendidos como ejercicios sudorosos y malolientes y, en el mejor de los casos, como vulgares exotismos biológicos en fase de decadencia.

Principio 4

El conocimiento es un motor parado. Lo que lo mueve es la actitud

Puesto que vivimos en una sociedad con cultura competitiva, la vida siempre acaba siendo una carrera.

Los años de estudio son los de preparación para salir al circuito, la recepción de un cúmulo de conocimientos que van cargando nuestras neuronas para construir el motor que nos va a permitir competir.

Hasta que un día nos dan el título, que incluye una calificación que mide la potencia de nuestro motor. Se acabó el patrocinador familia o el patrocinador beca. Todo lo que tenemos por delante es nuestra soledad y la polvareda de nuestro circuito profesional, ocupado por muchos que ya corren desde hace años y por otros que constantemente van llegando a la línea de salida. Y los que quieren ganar son muchos.

Todo el conocimiento adquirido es nuestro motor, es nuestra aptitud.

Pero en la carrera de la vida, lo que realmente será decisivo en nuestros avances, derrapajes, salidas de pista, aceleradas y pódiums va a ser nuestra actitud.

Hay quienes una vez que han conseguido su título, se cuelgan con él en la pared. Piensan que ya llegaron, ignorando que si en su actividad se da un mínimo de competitividad, su diploma sólo sirve como ticket de entrada en la carrera.

Para ganar hay que desear enloquecidamente querer ganar, algo que en términos futbolísticos tiene una excelente definición para los equipos que saltan al campo convencidos de su victoria: la llaman «hambre de gol», algo que se sacia con esfuerzo, talento y sagacidad.

Sin la suma permanente de estas cualidades, la mayor acumulación de conocimientos es un hermoso motor parado.

Principio 5

El futuro es el tiempo que nos queda para hacer lo que no habíamos hecho antes

Tener siempre algo pendiente por hacer es mucho más que importante: es vital, porque significa que, además de existir, sigues estando vivo.

El tiempo que no se llena con un mínimo retorno de gratificación es tiempo que nos golpea. Y en la vida, recibir algunos golpes es inevitable, pero aceptar que nuestros días se conviertan en una suma interminable de desidias, insatisfacciones y tiempos muertos es el camino que conduce directo a la decepción, la antesala del «apaga y vámonos».

Es imposible otear y teorizar respecto a los horizontes de retorno de satisfacción, porque los puntos de vista desde los que cada uno proyecta su futuro son como las huellas digitales: personales e intransferibles. Afortunadamente, el surtido de senderos materiales, físicos, intelectuales y espirituales que se nos abren es apabullante. Vivir intensamente no da ni para rozar superficialmente el 1 por ciento de todo lo que la existencia nos ofrece; hacerlo nos conecta con la vida, que es donde se genera la energía.

Con absoluta independencia de la edad, quien tiene un mínimo hálito de ilusión o interés por hacer tiene futuro. Puede estar cumpliendo los doce años o celebrando su centenario. Sus sueños pueden ir desde el deseo de crecer para ser al vivir para permanecer, porque ambos, ser y permanecer, significan ilusión por vivir.

Referido al mundo empresarial, la mejor definición me la dio un tenaz y pragmático acumulador de futuros, el editor de empresas José Manuel Lara: «Joaquín, la vida empresarial es como ir en bicicleta: siempre hay que estar pedaleando. Cuando te paras, te caes.»

Definitivamente, el futuro es lo único que tenemos pendiente.

Principio 6

Si quieres conocer a tu mejor profesor de energía, mírate al espejo

Vivimos una época de culto al cuerpo y la oferta y demanda de gimnasios para desarrollar el físico conocen una progresión geométrica. Es lógico: con un buen cuerpo te sientes sano y te gustas, que es el principio de gustar a los demás.

¿Y respecto al culto al cerebro? ¿Vamos a algún centro o seguimos algún método para desarrollar nuestra energía cerebral?

Es discutible lo que podemos esperar de ampliar el contorno de nuestros bíceps o pectorales, pero no existe la menor duda de que a cualquier edad, ampliar el perímetro de nuestra potencia y calidad cerebral nos aporta un beneficio supremo: el poder intelectual, aquel que a los humanos nos hace únicos y superiores seres vivientes.

Un tiempo de gimnasia cerebral diaria poniendo a trotar las neuronas intensifica el riego sanguíneo, oxigena las ideas y hace que entre aire fresco en el cerebro.

Aunque hay infinidad de ejercicios, los más importantes son los que nos estimulan a aprender, los que nos obligan a hacernos preguntas y responderlas y los que nos fuerzan a tomar criterio sobre mil y un temas de las circunstancias de nuestro entorno. En resumen, aprender, preguntarse y formar criterio: hop, hop, hop, hop, hop. Con espíritu deportivo, cada día, en cualquier momento y hasta que el cerebro diga basta.

No hace falta trasladarse a ningún gimnasio. Las pesas son los libros, las paralelas son el escuchar y el conversar, el salto de altura es elevar el propio criterio.

Frente al espejo te ves igual, pero sin la menor duda te sabes mucho mejor.

Principio 7

Los buenos recuerdos, arrullan. Los grandes proyectos, despiertan

Excepto cuando dormimos sin soñar, la capacidad de nuestro cerebro está constantemente ubicada en uno de nuestros tres tiempos: el pasado, el ahora y el futuro.

El pasado y nuestro futuro son los extremos de nuestro tiempo vital, nuestra historia vivida o la que nos queda por construir y vivir.

Concentrarnos en el pasado, mientras no se entre en la melancolía que entristece por no poder repetir lo irrepetible, siempre es gratificante. Revivir los grandes momentos es dejarnos mecer por nuestra historia, mientras el cerebro hace una función de madre cariñosa que nos arrulla iluminando y aireando nuestras raíces.

Concentrarnos en el futuro es virar al otro extremo: es girar toda la capacidad del cerebro para focalizarlo en querer ser en vez de recrearse por haber sido.

Al igual que no es sano borrar nuestro buen pasado, es muy oxidante no disponer de ningún proyecto para el futuro. Siempre hay que procurar tener al menos una posibilidad, un proyecto o un sueño; algo que nos guste, nos gratifique, sea posible lograr y entendamos que nos conviene. Puede ser mínimo o grandioso, personal, familiar o colectivo, de gran esfuerzo o puro placer, social o profesional, material o intelectual.

Tener una meta alcanzable y hacer lo posible para conseguirla es poner a pedalear las neuronas, es revivir, pero esta vez mirando hacia adelante. Cuando ocurre, nuestro hoy lo vivimos con más vitalidad y mayor ilusión, lo que sin duda contribuye a algo decisivo: nos queremos un poco más a nosotros mismos.

Principio 8

El pragmatismo es el tren de aterrizaje de los sueños

El ejercicio de vivir discurre por una inmensa gama de matices que oscila entre dos extremos: el de levitar en las nubes y el de enterrarse en el íntimo y particular terruño que forma parte de las esencias de cada uno.

Respecto al enterrarse en vida, aquí no hablaremos; dudo que alguien haya comprado este libro para ilustrarse sobre su automomificación.

Respecto a elevarse y sobrepasar lo cotidiano, sólo podemos decir que es imprescindible para poder visualizar y entender el paisaje, que es lo que más ayuda a definir nuestra posible ruta. Es un sublime ejercicio interior, en el que insuflamos información a nuestro cerebro y a cambio le pedimos respuestas.

Pero una vez tomadas nuestras decisiones, definitivas o revisables, hay que bajar de las alturas y pisar tierra firme, porque sólo allí es donde se hace el caminar. Hay que pasar de la meta soñada al próximo paso por hacer.

Y en esta práctica, con la que llenamos las horas y los días y los años, el pragmatismo es el rasante, aterrizado y aplomado acompañante de la eficacia.

El pragmatismo es el conjunto de criterios, posiciones y acciones que van a hacer posibles nuestros objetivos. En la medida en que dependemos de otros, el pragmatismo es estar dónde y cuándo se debe estar, es saber decir aquello que le servirá a quien nos escucha, es callar aquello que nos puede perjudicar, es cumplir lo pactado, es hacer sentir al otro o los otros que nuestra intervención les sirve.

El pragmatismo no es sometimiento vil y ruin, ni peloteo descarnado y descarado, ni concesión sin límites a la eficacia. La ética consigo mismo es el palo mayor que debe aguantar las velas de nuestro navegar. Pero una cosa es mantenerlas siempre bien desplegadas para aprovechar los vientos, y otra —la sensata, la pragmática— es orientarlas en la dirección que nos va a servir para lograr nuestros objetivos.

Principio 9

En el límite de tu fuerza empieza tu debilidad

Excepto el infinito, todo tiene un límite.

Multitud de grandes desastres personales, empresariales y políticos se producen porque en un momento determinado el protagonista, envalentonado de éxitos puntuales y en su ofuscación, supera el límite de su fuerza y su poder. De forma inevitable y sin excepción, cuando esto ocurre, lo que había sido constante ascenso inicia su inflexión hacia el nublado precipicio del fracaso.

Empresas que quisieron crecer demasiado rápido, personajes que chulearon enfrentándose con el poder establecido, parias mentales que se atribuyeron todos los éxitos y despreciaron la fuerza y la entrega de sus colaboradores, amantes convencidos de que en su colchón estaban los límites del universo. La lista es infinita, pero siempre tiene un denominador común: la soberbia.

Después de alcanzar la cima sólo quedan dos opciones: permanecer o descender.

Permanecer requiere ejercer un liderazgo vigilante, que es no ceder a la desidia y conducir el rigor, y al unísono exhalar una cultura contagiante, que es el saber animar a compartir el sudor y el pódium.

Descender es lo más fácil: es hacer exactamente todo lo contrario.

Los grandes genios lo son en la medida en que saben guardar una prudente distancia con sus propios límites, que es el punto exacto donde se inicia el precipicio.

Principio 10

En muchas empresas hay exceso de papel y déficit de piel

Aunque pueda sonar a anatema, la mayoría de las empresas son mucho más complejas y dependen de esquemas más desconocidos que los que dominan nuestra biología.

La razón es simple: cada ser humano funciona por una suma de conjuntos orgánicos coordinados cada vez más conocidos, medibles y controlables, gobernados desde su cima física por un cerebro.

Una empresa también es una suma de numerosos sistemas y circuitos, que para su salud también deben estar constantemente coordinados, pero su especial complejidad viene dada porque, a partir de cierta dimensión, una empresa es un solo cuerpo con muchos cerebros, que supuestamente deben coordinarse, entenderse, respetarse, vibrar y sumar para competir y alcanzar el éxito y el beneficio.

Cuando el entendimiento interno falla, una empresa es un cuerpo enfermo, una seria candidata a una patología crónica que bien podríamos definir como de esquizofrenia de equipo, de consecuencias mucho más nefastas que en la esquizofrenia individual.

Si esto lo aceptamos, llega el momento de hacerse la gran pregunta: ¿y cómo se establece la mejor relación humana? En mi opinión, sólo existe una respuesta: desde la piel.

El papel es una naturaleza muerta que, en los

mejores casos, intenta simulacros de vida. El poro es naturaleza viva que transpira sentimientos y aspira simpatía, afecto, respeto y admiración.

Hay y siempre habrá empresarios que creen que, una vez definido sobre un papel un objetivo, instrucción o visión, su trabajo ya quedó hecho. Ignoran que el principal alimentador y estárter del cerebro es el sentimiento.

Entre el papel y el poro, cualquier comparación es inútil. El dicho afirma que «el papel lo aguanta todo». No es cierto: el papel soporta, pero no transpira. En la relación humana, como mínimo el 51 por ciento es pura transpiración.

Principio 11

Si no sabes lo que persigues, nunca sabrás adónde vas

No es cierto que los 42 kilómetros de una maratón sean la carrera más dura. Esa competición es un juego de niños comparada con la que todos hacemos día tras día, y que sólo en contadas ocasiones nos ofrece un respiro: una carrera llamada «la propia vida».

La decisión de adónde llegar, o visto con un concepto más amplio, la de decidir con cierta holgura hacia dónde dirigirse, significa concretar nuestro talento y rentabilizar nuestra energía.

Ir dando zancadas que no se sabe adónde conducen supone abrir excesivas oportunidades al fracaso personal, porque muchas veces se puede acabar en medio de paisajes que no interesan para nada y en los que no se sabe exactamente lo que uno está haciendo. Y el tiempo pasado siempre es irrepetible.

A todos nos llega la época de las grandes preguntas personales, aquellas que nos hacemos para decidir qué vamos a hacer con nosotros mismos. Es entonces cuando entramos en esa fase trascendente de rastrillar los deseos, los intereses, los conocimientos y las experiencias, las aficiones, las vocaciones, las pasiones, los acompañantes, los amigos y padrinos, los entornos que nos van a ayudar y los que nos pueden desviar. Hay que entrar en un proceso de sublime introversión, de volar entre los deseos atentos a que nuestra pista de despegue y nuestra propia energía van a servirnos para alzarnos. Y decidir, incluso dejándose ir, pero sabiendo adónde queremos llegar, siendo conscientes de que hasta que la vida biológica nos sitúe en un punto del vuelo sin posibilidad de retorno, siempre tendremos la posibilidad de cambiar de rumbo y destino.

Decidida una meta, aseguro que ayuda extraordinariamente el ponerla por escrito. Hacerse un plan a tres, cuatro o máximo cinco años definiendo lo que se quiere alcanzar y lo que creemos que deberemos hacer en el transcurso de ese tiempo para irlo consiguiendo. No es el diario íntimo donde algunos describen su pasado; es el mapa de nuestro futuro deseado y sus posibles rutas. Cuantas menos palabras, más concreción y menos dudas. Y lo que es determinante, abrirlo como mínimo cada tres meses y reencontrarnos con nosotros mismos en un proceso de análisis y meditación, para evaluar cómo estamos haciendo nuestra ruta y qué posibles mejoras, cambios o rectificaciones tendremos que hacer.

Por el hecho de hacerlo, no siempre llegas, pero te desvías menos.

Principio 12

Como mínimo, el 51 por ciento de la vida es puro intercambio. ¿Qué tienes para cambiar?

No te ofendas: no es asqueroso materialismo, es vil pragmatismo. Y en cualquier caso el porcentaje es discutible, aunque siempre y en todos los casos se mueve al alza.

Si exceptuamos el amor y las vivencias profundas que unen, los vínculos por ADN, la temporal pasión, la compasión e incluso el aburrimiento como último pegamento de vida, cualquier otro tipo de entendimiento entre humanos responde a un principio de puro, simple y llano intercambio: «¿Lo que yo te doy queda de alguna manera compensado por lo que tú me das?»

La buena proximidad crea adicción y permisividad. Pero en la medida en que debemos ¿convivir? en un mundo cada vez más globalizado, necesitamos que nuestra entrega disponga de una moneda de cambio/intercambio. Unas veces se llama nómina; otras, conocimiento, en ocasiones rebozado de reconocimiento; y casi siempre, rentabilidad.

Cambiamos saber por licenciaturas, euros por lenguados, entretenimiento por paquetes turísticos, noches de insomnio por primas de productividad, seguridad por pólizas, enfermedades por medicamentos. No paramos nunca de cambiar, desde que nacemos hasta que morimos: cambiamos en todo momento, lugar y situación.

No nos engañemos: salvo el amor profundo y en mayúsculas, aquel que es muy fácil vislumbrar porque es el único que no reclama compensaciones ni devoluciones, todo en la vida es rasante intercambio: visible o camuflado, soez o diplomático, lógico o desproporcionado, amable o descarado, dulce o tosco.

El almacén para poder intercambiar es múltiple y variado: en ocasiones se llama «eterna sabiduría», en otras «efímera belleza, experiencia, dinero, simpatía, salud, destreza, idiomas, contactos, linaje, osadía, sexo, maestría, fama, influencia, serenidad»... y un etcétera interminable al gusto o necesidad de cada uno.

No hay mayor escaparate universal que el del intercambio de fluencias e influencias entre humanos. Los más ambiciosos y recursivos se abren al mercado mundial de las ofertas. Los más discretos lo limitan a su entorno más próximo.

Unas veces de forma fascinante y otras de manera agotadora, la vida tiene una interminable capacidad de sorprendernos.

El amor puro es un milagro alado. Para vivir el día a día siempre hay que disponer de mercancía para intercambiar.

Principio 13

La genialidad rompe lo establecido. Si todo lo mides por lo conocido, jamás lo alcanzarás

La genialidad es una triple voltereta en el vacío y sin red de las neuronas, que rompe de forma insólita con lo establecido y consigue una aceptación masiva.

Cuando esto se logra, la genialidad acostumbra a tener un seguro reconocimiento social y un probable reconocimiento económico. Cuando el triple salto acaba estrellado adquiere la denominación de «extravagancia, estupidez o locura», y su protagonista acostumbra a verse rodeado de un aura de descalificaciones en la misma línea.

Históricamente, la genialidad ha correspondido a individualidades que en ocasiones, y por su particular fuerza de arrastre, han sido erigidos en líderes de tendencias y movimientos. Los grandes genios benignos de la humanidad —porque por desgracia también los ha habido malignos— han sido humanos con nombres concretos que se han convertido en los grandes impulsores del pensamiento, la ciencia, las artes y de muchos avances materiales. Todos han tenido —y siguen teniendo— algo en común. En su cerebro, ante una posibilidad o vía desconocida, han rechazado el «eso no es posible» y se han abrazado al «¿y si fuera posible...?».

Ante lo insólito, cada vez que un humano, en lugar de rechazar algo por desconocido, apura y exprime todas las preguntas y transforma el inconformismo en energía para forzar y transgredir las barreras de lo formalmente aceptado, no os quepa la menor duda, un posible genio está larvando su personal hipótesis, que es la antesala oscura de lo posible.

Hoy, en un mundo globalizado fundamentalmente por la rentabilidad financiera y sus consecuencias colaterales, las empresas tratan de establecer sistemas y métodos de logro de la genialidad por encargo, muchas veces a través del equipo. Hace años empezaron con el *brainstorming*, y hoy se multiplican los equipos de sabios y los *think tanks* dotados de un protocolo de actitudes y normas para que, si surge la luz, ésta pueda brillar.

La pena —lo he vivido personalmente en múltiples ocasiones— es que estas iniciativas muchas veces responden a un súbito calambre cerebral de la cúpula de la empresa u organización, que una vez tranquilizada convierte todo el trabajo en un montón de informes para el infinito archivo de las buenas intenciones y en una refinada colección de facturas de honorarios.

La genialidad, para alcanzar la luz necesita convicción, tesón, mucho esfuerzo y una altísima implicación. La genialidad muchas veces es la culminación de una etapa de la vida, no una ráfaga luminosa con taxímetro incorporado.

Genialidad individual siempre la habrá, porque es parte intrínseca de determinados humanos. La genialidad colectiva es materia mucho más delicada: siempre resultó difícil incubar un magnífico huevo entre muchas gallinas.

Principio 14

Si no ofreces un cielo, jamás tendrás creyentes

Las creencias, ideologías, personas, empresas y marcas que alcanzan el liderazgo, lo logran porque consiguen una adhesión mayoritaria. Cuantas menos adhesiones, menos creyentes o menos clientes. Y cuando las adhesiones son mínimas, a las ideologías se les llama sectas o devaneos mentales, y a las marcas y empresas les espera el cierre.

El mundo libre y desarrollado se ha convertido en un inmenso bazar de tentaciones. Entre los muchos que pretenden tu adhesión, sólo se harán con tu fe, tu dinero o con ambos quienes sean capaces de hacerte entender que con su oferta vas a recibir las mayores satisfacciones. En el bazar, quien mayor premio ofrece y mejor lo sabe explicar es quien más vende.

En este sentido, y desde la más pura asepsia, siempre he mantenido que quienes han sido y siguen siendo maestros en el arte de ofrecer un surtido de premios imbatibles han sido las grandes religiones, esos inmensos intangibles que dominan las conductas y los actos de millones de humanos de todas las razas y procedencias.

¿Por qué esas creencias se han mantenido y se mantendrán durante siglos, y sin embargo ninguna de las grandes marcas que hoy dominan el mundo puede asegurar cuál será su futuro dentro de tan sólo una década?

Sencillamente, porque para quienes necesitan creer, el premio que su religión les ofrece es definitivamente imbatible. Si analizamos el premio concreto que muchas marcas están prometiendo, es fácil observar que demasiadas veces es difícil de precisar, y cuando lo logran lo frecuente es observar que con los años lo han ido variando. Muchas empresas aún tienen que entender que su gran patrimonio es la fe que en ellas deposita el mercado, y que con la fe no se juega.

Aterrizando en el duro suelo, obviamente no hay empresa ni marca que pueda soñar en ofrecer un cielo eterno, pero sí debe esforzarse por definir y ofrecer su cielo terrenal. Cuanto más logras hacer volar el deseo de conseguir aquello que te ilusiona o necesitas, más infieles tumbas y más prosélitos consigues.

Principio 15

Una marca se hace creando actos de fe

Cada vez que cambiamos nuestro dinero por un producto o servicio es porque creemos que nos va a compensar. Estamos depositando en él y no en otro nuestras expectativas, y precisamente por eso no deseamos que nos falle: comprar es ejercer un acto de fe.

Siguiendo —y acabando— con el frío análisis de qué es lo que ofrecen las religiones para ser capaces de perpetuar su fe y por qué las marcas corren un constante peligro de extinción, llegué a la conclusión de que las religiones tienen cuatro cosas, una auténtica cuadratura del círculo, del que muchas empresas adolecen.

En primer lugar tienen un gran concepto ganador. «Si crees en mí lograrás...» y aquí cabe añadir el cielo concreto al que nos referíamos en el principio anterior.

Pregunta: la marca que defiendes, ¿ofrece algún cielo?

En segundo lugar, tienen una explicación simplísima de cómo alcanzar su cielo. Cualquier creyente católico tiene a su disposición la Biblia e infinidad de textos teológicos, pero para la efectividad en comunicación, cuanta más explicación más compleja es la digestión. Por eso, siendo los diez mandamientos una buena síntesis de cómo alcanzar el premio,

Moisés debió de pensar que tal vez eran demasiados, y por eso los cerró con un «y esos diez mandamientos se resumen en dos». A este remate se le llama, sencillamente, lección magistral de comunicación.

Pregunta: ¿tus clientes pueden explicar el premio que les ofreces?

El tercer lado del cuadrado es la liturgia, que es el conjunto de signos siempre cargados de simbolismo que perfilan y concretan el gran intangible de la fe. Cualquier creencia que se precie tiene su gran marca, sus colores, rituales, vestuarios, celebraciones..., incluso sus propios estilos arquitectónicos y musicales. Llevado a las marcas, en todos los sectores muchas lo aprendieron y han desarrollado su propia imagen corporativa.

La pregunta es... ¿Tu empresa tiene unas memorables y recordables señas de identidad?

Por último, toda religión pende y depende de una jerarquía, cuanto más sencilla más difícil de esquivar. En realidad, el rol más importante de los grandes jerarcas de intangibles es concretar y mantener inalterables y sin cismas los principios de la fe. En las empresas, en bastantes ocasiones este objetivo se confía a directivos de quita y pon, incapaces de entender unas funciones que, por su trascendencia, siempre tienen que estar controladas desde la cima de la empresa, allí donde está el faro que muestra y proclama su fe.

Cierre sin pregunta.

Principio 16

Triunfar es convencer de que aquello que ofreces interesa

El triunfo, tal como hoy se acepta mayoritariamente, en su esencia siempre es dual, porque además de conseguir algo excepcional para uno mismo, se entiende que ese logro es reconocido, deseado e incluso aplaudido por otros. Sin reconocimiento externo, el triunfo pierde el ruido público y se transforma en un silencioso bien íntimo.

En otras épocas, el triunfo era un sedimento; hoy es un alud con eco. En su esencia siempre parte de un hecho intelectual, artístico, físico, material o simplemente estúpido o escandaloso, protagonizado por alguien que con su actividad consigue atraer y provocar a los medios de comunicación para que muestren y realcen su diferencia.

El control de la continuidad del eco es esencial para la consolidación del triunfo o para que tenga un recorrido tan fulgurante como fugaz. En una sociedad masiva y globalizada, los medios de comunicación se convierten en los abrelatas de los cerebros y en los micrófonos de los chisporroteos de infinidad de hogueras de vanidades, bastantes estrellas fugaces y contados astros radiantes.

El escándalo, la vulgaridad, la estupidez y la osadía sin valía son estruendos sin melodía: son alaridos de días, meses e incluso y muy excepcionalmente de años, que acostumbran a dejar muchas vidas rotas.

La aportación real de un algo concreto que realmente interesa a determinadas personas, cuando es amplificado por los medios de comunicación puede transformarse en una historia de triunfo sin medida ni fin. Para que esto ocurra, la base imprescindible es su capacidad de «convencer».

El convencimiento es un movimiento del intelecto que le transmite a la voluntad la orden de aceptar e incluso asumir como propio lo que otro muestra.

En su esencia, el triunfo no efímero, es decir, el creciente y difícilmente abatible, se basa en la aportación de algo nuevo y superior respecto a lo establecido, que interesa a otros porque los convence, bien por sí mismo, bien como consecuencia del eco público que lo rodea, o por ambas cosas a la vez.

Si no convences, no estás. Y si convenciendo no logras eco, te limitas a estar. El triunfo es el eco masivo del convencimiento.

Principio 17

Una marca es un valor en la mente del consumidor

Si no penetras en los cerebros, te diluyes en las atmósferas.

Puedes tener las mejores instalaciones, el capital económico más entregado y fiel, el equipo con la gente más preparada, gozar de la simpatía e incluso benevolencia de los mejores distribuidores. Puedes estar ofreciendo un producto o servicio realmente interesante, útil, novedoso... Pero si teniéndolo todo no sabes crear con tu marca un real y sólido valor en la mente de los consumidores, tan sólo eres un proyecto de ídolo de arena reseca.

El valor se crea en la intimidad, pero sólo se proyecta desde la extroversión. El valor es la síntesis del beneficio que yo, marca, si me crees y adoptas voy a transferirte a ti, estimado consumidor. Porque con este valor-beneficio aplacaré y saciaré tus necesidades, sueños, ilusiones, costumbres, ambiciones o aquello concreto que tú deseabas y para lo que yo fui concebido y diseñado. ¿Bailamos juntos?

A partir de aquí, para que esto suceda tienen que reventar las campanas, explotar los púlpitos, hacer que vuelen las serpentinas. Tienes que salir a decir, predicar, exclamar o susurrar... Tienes que llevar tu inteligencia al límite para convencer, utilizando y exprimiendo la seducción, la argumentación o la combinación precisa y exacta de ambas, algo que me gusta definir como el «coktail arrasador». Porque si no eres capaz de inocular en los cerebros el valor de tu diferencia, eres marca muerta.

Las fórmulas magistrales para mantenerla viva, joven y lozana, son dos. Una es la que va adherida al propio producto: su diseño, presentación y presencia en el punto de venta (que en redes de distribución propia son el fundamental diseño del local). La otra es la que lo envuelve y proyecta: la publicidad en todas sus múltiples diversificaciones y las relaciones públicas.

Principio 18

Una marca siempre es la continuidad de quien la conduce

A veces resulta duro tener que reconocerlo, pero lo que siempre ha conducido la historia de las civilizaciones, los países y, desde la revolución industrial, la evolución de las empresas, ha sido un reducido número de personas con nombres y apellidos concretos que, tras escuchar a muchos o ignorar a todos, en un instante supremo de absoluta soledad han tomado sus grandes decisiones.

En libros, seminarios, escuelas, congresos y cien lugares más buscamos, porque las necesitamos, recetas mágicas, comprimidos milagrosos y fórmulas magistrales que nos ayuden a entender y solucionar con mayor efectividad las mil situaciones de la vida empresarial. Sin la menor duda son ayudas extraordinarias, porque uno de los mayores potenciales de desarrollo y crecimiento de un país es la calidad de sus universidades y escuelas empresariales.

Pero al final del final, lo que marca la trayectoria definitiva de cada empresa o marca es el conocimiento, la sagacidad y el momento vital de su gran líder, aquel que en el gran instante y la gran circunstancia tiene el poder del supremo gran SÍ y del definitivo gran NO.

Analicémoslo:

Respecto al conocimiento, al gran líder hay que

describirlo como en el historial de los militares respecto al valor: «se le supone».

La sagacidad es el don zorro, congénito y útil de los grandes conseguidores. No tiene escuela ni método: es.

Por último, el momento vital. Una misma persona, a lo largo de su existir vive momentos plenos y dudosos, épocas ofensivas y defensivas, ciclos de euforia y de temor. Coincidir el momento del gran líder con el momento de la empresa y con el momento del mercado es la triangulación del éxito. Es lo que consagra a los grandes pilotos, partiendo de que no hay dos carreras iguales y de que no tiene nada que ver la destreza de un piloto de Fórmula 1 con la imprescindible para un rally en el desierto o por carreteras finlandesas.

El coche, que es la empresa, y el recorrido, que es el día a día del mercado, son vitales. Pero el piloto siempre y sin excepción es determinante.

Principio 19

Para convencer de algo a los demás, quien lo explica debe ser el primer convencido

No importa que se trate de ideas o de cosas: cuando queremos convencer a alguien, lo que en realidad estamos haciendo es vender. Y vender es, por encima de todo, una transmisión de convicción.

Si comprar es un acto de fe... ¿cómo es posible transmitirla al posible cliente si somos unos agnósticos de nuestro propio discurso?

Además de toda la capacidad teatral que en positivo se le quiera atribuir a un vendedor, creo firmemente que es imposible vender aquello en lo que no se cree. Cuando eso sucede, la venta no se produce porque el vendedor es bueno; ocurre porque la marca provoca un gran deseo y el cliente quiere comprarla, a pesar de la desidia de quien la vende. El bueno es el cliente; el vendedor es un cero a sueldo, a comisión e incluso, a veces, con incentivos.

Cada venta personalizada requiere, por parte del vendedor, una conexión con el producto basada en componentes químicos y físicos, que crecen en efectividad proporcionalmente al grado de convicción con el que se está vendiendo.

Un gran vendedor es un gran amante de su producto: lo conoce, lo valora, se enamora y trata de contagiar su fe a los demás. Piensa en él, trata de encontrarle matices, quiebros y sensaciones que conserva como su arsenal personal de bolsillo para utilizar en el momento adecuado y ante cada posible cliente. Ha escuchado y se ha aprendido de carrerilla los argumentos de venta que le han dado instructores y manuales, pero los ha perfilado y redondeado porque cree que nadie como él, solo ante el peligro, los va a usar para conseguir el éxito. Es por todo eso que entre él y su producto se establece una invisible y potente conexión química; algo similar a la que se crea entre los grandes amantes.

Pero también se produce una conexión física. La expresión y el envoltorio del vendedor —su forma de hablar, estar y vestir— deben ser la continuidad viva de la personalidad y el entorno ambiental que proyecta su marca. Porque ante cada cliente, él es la marca y la marca es él. En este terreno, en décimas de segundo las disonancias revientan todo un trabajo de construcción de imagen formada durante años.

Para acabar, bajo ningún concepto un vendedor puede sufrir frigidez cerebral, que es la apatía de proa plana y sin calado de un velero sin velas llamado «mediocridad».

Principio 20

Siempre sobra tiempo para fracasar; el del triunfo siempre es escaso

La vida es un cúmulo de monotonías, en los mejores casos acolchadas por brillantes ocios y aderezadas con efímeras pimientas.

El lado amable de la monotonía es que no produce sorpresas. El lado lamentable es que se rechaza lo imprevisto, con toda la carga de aire fresco y renovación que nos podría aportar.

Obviamente el cerebro, al igual que cualquier máquina, necesita épocas de descanso y recomposición. Esto no sólo es bueno: es definitivamente aconsejable, porque las desconexiones relajadas refrescan y revitalizan nuevas conexiones. Pero ensalzar al límite la monotonía y la cotidianidad es enfajar las neuronas, oprimir la imaginación y asfixiar los sueños: es una amable sedación del talento para llevarlo a un estado viciosamente aletargado.

Cuando esta apatía neuronal se justifica como una inteligente forma de existir, con los años la vida casi siempre acostumbra pasar cuentas, en forma de acartonamiento del cerebro y de la cartera. La monotonía intelectual viene envuelta por el hedor del fracaso.

Quienes pretendan conseguir el éxito, deben

tener claro que las oportunidades de alcanzarlo no acostumbran ser frecuentes, aunque siempre están latentes.

El éxito, cualquiera que sea su dimensión, hay que codiciarlo con sereno ímpetu y olfatearlo con discreta avaricia. Cuando tomas esta disposición, íntima y sin vocearla a los cuatro vientos (porque los bocazas de ansias de triunfo lo único que consiguen es levantar envidias y barreras), entras en la actitud de entender, intuir y estar ojo avizor. Es la misma disposición del gran cazador que, aunque desconoce cuándo aparecerá su presa, sabe estar permanentemente atento para ser el primero en detectar lo que los distraídos no saben ver.

Es definitivamente falso que nazcamos predestinados al fracaso. En todas las civilizaciones, culturas y momentos ha habido seres humanos que, proviniendo de la nada cotidiana, han alcanzado las más importantes posiciones en todas las ramas del saber y el hacer.

Cuando los analizamos, es fácil descubrir que tenían un objetivo claro e hicieron todo lo posible y en muchas ocasiones lo imposible para conseguirlo. Cualquier mínima oportunidad la cazaron y estrujaron hasta mostrarse, a los ojos de quienes les podían promocionar, como los mejores. Porque el éxito siempre impone sus condiciones: vislumbrar el instante, creer firmemente en lograrlo y estar intensamente dispuesto a superar todas las dificultades que lo vayan entorpeciendo.

La oportunidad del éxito casi siempre hay que cogerla al vuelo. Con la monotonía que conduce al fracaso no hay problema: siempre camina lenta y rasante.

Principio 21

A la competencia siempre hay que odiarla, pero jamás despreciarla

No nos hagamos los santos ni los elegantes: el odio a un competidor es directamente proporcional a la posibilidad de que él nos arrebate nuestros clientes.

El mercado es el campo de batalla de las guerras comerciales. Aunque hay frentes con escaramuzas que no nos afectan porque no coinciden de lleno con lo que ofrecemos, siempre existen otros donde hacerse con el cliente o que se vaya con el competidor es ganar o perder. Y si bien hay que asumir que humano es perder alguna batalla, aceptar perderlas casi todas sabemos que es el atajo que conduce directo al pozo de la ruina.

Por eso al competidor que nos quiere abatir, porque necesita ganarnos tanto como nosotros a él, definitivamente hay que odiarlo con una saña y refinamiento propios y exclusivos del mundo comercial.

El odio comercial, a diferencia de los odios personales atenazados por desprecio e incluso el deseo de venganza, tanto puede significar un freno corrosivo como un estímulo vitalista: sólo depende de si nos enrocamos y flagelamos o bien si nos crecemos y planteamos nuestras acciones con rabia de victoria. «La próxima vez seré yo quien ganará» debe ser el único lema que conduzca nuestras decisiones. Porque en lo comercial, el odio sin rearme inteligente sólo sirve para oxidar nuestro arsenal.

Dicho esto y sin que cunda el desánimo, si nuestro competidor es realmente bueno lo hasta aquí dicho seguro que él también se lo aplica a sí mismo. Por eso es tan importante no creerse jamás el mejor, el más grande, el invencible. Despreciar por principio a la competencia es el inicio de nuestra propia vulnerabilidad: simplemente porque la competencia existe, a veces es muy competente y, cuanto más lo es, más nos quiere vencer y derrotar.

Principio 22

No vendas porquería. Cuando lo haces, lo que más apesta es tu futuro

Comprar es un acto de confianza. A cambio de su dinero, cada uno adquiere lo que entiende que dentro de un determinado nivel de precios para él representa su mejor opción. Por eso a veces dedicamos tanto tiempo a comprar: analizamos, comparamos, le preguntamos a nuestra razón y a nuestras emociones; consideramos nuestros gustos, debilidades, conveniencias y aversiones.

Cada vez que compramos algo nos estamos retando a nosotros mismos, porque lo que más deseamos es acertar; no nos gusta nada equivocarnos y odiamos sentirnos engañados.

La empresa y el vendedor que venden un mal producto son la escoria del desarrollo, porque pocas cosas hay más odiosas que sentirse engañado: han destruido nuestra confianza.

Una gran marca lo es porque, por encima de todo, genera un entorno de máxima confianza y credibilidad en todo aquello que ofrece. Una gran marca es un gran aval porque garantiza y en ocasiones supera las expectativas que uno espera recibir de ella. En la relación entre personas ocurre exactamente lo mismo.

Los oportunistas son pajaritos de vuelo corto.

En un mundo y un mercado cada vez más competitivo, cada persona, cada empresa y cada vendedor tienen su particular aroma. Y los que en un momento determinado y con un destello de habilidades consiguen vender mierda, al final acaban siempre allí de donde vienen: en las cloacas.

Principio 23

Si no despertamos con la utopía, nos dormiremos con la realidad

Observa a tu alrededor: hace tan sólo cuatro generaciones, la inmensa mayoría de las cosas de las que te sirves en tu vida cotidiana eran sueños imposibles, incluso para los más poderosos: la electricidad, el televisor, un equipo de sonido, el teléfono móvil, ordenador, aire acondicionado, calefacción, automóviles, aviones... una lista interminable.

Ahora, obsérvate a ti mismo. Hace cien años, muy posiblemente tendrías los dientes carcomidos, apestarías, una simple miopía de 4 dioptrías te imposibilitaría muchas vivencias, no sabrías qué son las vacaciones, muchas infecciones te postrarían en dolores, tendrías un 75 por ciento de posibilidades de ser analfabeto y, entre otro gran surtido de lindezas, sería todo un mérito que vivieras más allá de la media de edad, que estaba en los treinta y cinco años. A pesar de lo jodido que estarías, y para acabarte de rematar, te tocaría pagar impuestos a tus señores y a los jerarcas de una religión impuesta.

Todas las cosas que deseamos, buscamos y cuando las tenemos no queremos perder porque de algún modo contribuyen a nuestra calidad de vida, un día fueron sueños imposibles, algo que simplemente mencionar era calificado cosa de locos.

El conservadurismo a ultranza es el congelador de los perdedores: es la fórmula ideal para mantener muerta la vida.

Los utópicos aterrizados que han hecho y seguirán haciendo posibles los sueños honestos son los auténticos motores del bienestar de la humanidad.

Y sólo en la transformación que ofrece calidad de vida es donde reside el progreso y donde incluso muchas veces está latiendo el germen de las grandes fortunas.

Vivir con el sueño de hacer posible una honesta utopía personal es vivir dos veces.

Principio 24

¿Comes o te comen?

A partir de ciertos niveles de renta que conllevan cierto tipo de comodidades, a ratos conseguimos olvidar que esto es la selva. Es la maravillosa condición del cerebro, que normalmente tiende a potenciar lo bueno y diluir lo maldito.

Desafortunadamente, se trata de un feliz shock transitorio. Sólo hay que regresar a la rasante realidad para recordar que somos animales educados para vivir en selvas urbanizadas.

No corremos por senderos, sino que nos desplazamos por autopistas; no volamos con lianas, sino en aviones; no vivimos en cabañas en los árboles, sino en apartamentos de varios miles de euros el metro cuadrado; hemos sustituido el plátano y el coco por la hamburguesa o las estrellas michelín; Chita ahora se llama perrito y la cerbatana fue superada por la mala leche. Podemos ser Tarzanes tan honestos que incluso y excepcionalmente podemos conseguir que, en caso de peligro, otros animales acudan en nuestra ayuda. Pero a pesar de este inmenso cambio de tramoya, esto sigue siendo la selva, donde lo que impera y decide es su propia ley: la de la supervivencia del más fuerte. Una ley no objetable, discutible ni apelable, que se resume en cinco palabras y sin articulado: «O comes o te comen.»

Por esto es tan importante saber elegir el territorio por donde vamos a movernos: nuestro espacio natural de supervivencia, que debe ser aquel que reúna las mejores condiciones para poder comer sin ser comidos.

Normalmente, los primeros pasos nos conducirán a zonas donde abunden otros animales menos fuertes y, en lo posible, inocentes y candorosos. Si así nos hacemos grandes, con los años la selva nos irá descubriendo nuevos paisajes poblados con nuevos animales, cada vez más feroces y hambrientos.

La selva es interminable, y sólo nuestra codicia, temeridad, hartazgo o deseo de sosiego marcarán, caso de haber ido sobreviviendo, nuestros propios límites.

Sea cual sea nuestra decisión, siempre habrá que estar atentos y vigilantes. Hay mucho animal suelto.

Principio 25

Cuando te enfrentes, conoce profundamente a quien tienes enfrente

Si exceptuamos la auténtica generosidad, que es aquella que no reclama absolutamente nada a cambio, lo que queremos conseguir de otro sólo es posible porque ese «otro» está dispuesto o forzado a ceder.

El resultado entre el querer de uno y el ceder de otro, con indiferencia de que se plantee de la forma más contundente o más sutil y refinada, al final siempre se decide como un auténtico pulso de fuerzas. Es el pulso por la conveniencia.

No nos ofusquemos con nuestras capacidades personales: nuestro contrincante puede mostrarnos múltiples tipos de fuerza que además serán cambiantes, dependiendo de su momento y circunstancia: dinero, poder, belleza, talento, orgullo, astucia, juventud solvente, experiencia, serenidad... Incluso su brutalidad, su idiotez o, cosa a veces frecuente, la suma de ambas.

A veces nos enfrentamos a un tipo de fuerza muy concreta y definida. Pero no siempre es así; en muchas ocasiones la fuerza a dominar está compuesta por una mezcla de distintos factores y en diversos grados, como si de un cocktail se tratara.

Tratar de saber con la mayor precisión «cómo es él o ella», trazar su perfil psicológico, determinar «su actual momento de conveniencia» para presionarle exactamente en aquello que puede entender como su beneficio, unas veces porque algo ganará y otras incluso porque aceptando va a evitar perder, es situar la palanca de nuestra argumentación en el punto exacto que multiplicará nuestra fuerza para mover su decisión.

Si conseguimos saber lo que puede desplazar la voluntad del otro, nuestra fuerza siempre se verá multiplicada. Superarla o no es donde radica el éxito o el fracaso de cualquier negociación.

Principio 26

En la empresa sólo hay tres momentos: crecer, permanecer y diluirse. ¿Cuál está viviendo la tuya?

Dirigir conlleva una responsabilidad: tomar buenas decisiones. Y una obligación: tener una visión nítida y permanente de la tendencia de la empresa.

Por supuesto la tendencia siempre viene afectada por múltiples factores externos, que en grandes líneas se pueden resumir en cambios sociales, modas, presión de uno o varios competidores que nos quieren noquear y crisis de mercado. Pero incluso en las circunstancias más difíciles siempre surgen campeones: es el viejo y profundo dicho popular «a río revuelto, ganancia de pescadores», que en versión «Piensa, es gratis» y para no perder ni el hilo ni el agua redefiniremos como «los grandes capitanes se evidencian en las grandes tormentas».

Es decir, que olvidando los factores externos negativos, que siempre son la gran excusa de los plañideros de su propia incompetencia, toda empresa, como ente viviente supura a lo largo de su existencia distintos momentos que perfilan su futuro o su fin: o creces o, como mínimo y con balances dignamente azules, por un tiempo te mantienes. Si tu tendencia es irte diluyendo, tu conciencia está distraída y no tomas medidas, definitivamente te espera el fondo del mar.

Adquirir conciencia de la tendencia requiere altura de visión y el menor temor a la luz: el oscurantismo no permite la comprensión nítida del trayecto por venir, porque precisamente eso es la tendencia. Después de un infarto, lo peor que le puede pasar a quienes dirigen es tener «eclipsitis crónica».

Sus síntomas son muy nítidos: el largo plazo queda opacado por el resultado anual; éste queda oscurecido por el trimestral que, a su vez, entra en tinieblas por la superposición del resultado mensual. Para mayor oscurantismo, el mes queda eclipsado por la semana, y ésta por el día que se desdibuja en una hora intensa y alcanza su clímax en un momento concreto.

A los que padecen eclipsitis crónica, si no se les sustituye a tiempo hunden todo lo que se les encomiende: constantemente confunden la acción con el resultado.

Principio 27

Sólo existe una razón por la que vendes: convences más que tu competidor

Es inevitable: en un mercado libre siempre existe un maldito competidor que trata de hacerse con tu cliente, quitártelo y ser mucho más que tú. Aquel pendejo quiere hacerse con tu pan y tu gloria. Y sin embargo, sus razones son comprensibles porque son idénticas a las tuyas: en la mayoría de los mercados, la oferta supera con creces la demanda y para cada posible cliente roedor de consumo, sólo hay espacio para un cazador.

¿Quién se hará con él? La respuesta es tan simple y directa como fácil de memorizar: el que más convenza. El que sepa primero hacer realidad y después sepa explicar al consumidor una oferta concreta, máxima e imbatible.

La oferta sin error es la que apunta directamente a la conciencia siempre porosa y absorbente de los tres grandes instintos básicos: el sexual, el social y el de conservación, cada uno desgranado en la extensa lista de derivaciones que configuran los escenarios de la existencia humana. En uno o como máximo en una combinación coherente de dos, tienes que perseguir ser lo máximo del mercado y darlo a conocer sin dispersión de argumentos. Si lo consigues, el éxito lo tienes avalado por el principal asegurador del mundo: la estructura de los cerebros humanos.

Los triunfadores son los que saben alzar un gigantesco monolito con una potente diferencia, que convierten en suya y que a cambio de dinero transfieren a sus clientes. Los demás construyen dunas a merced de los vientos.

Principio 28

Tu gran competidor también se equivoca. ¿No te parece fantástico?

El error existe. El error es humano. Y tarde o temprano, siempre se produce.

Entonces los clientes se molestan. A veces se ofenden. Y en su cerebro se abre una brecha de decepción con secuelas de abandono.

Cuando nosotros caemos en él, siempre lo pagamos. Y cuando cae nuestro competidor... ¿sabemos aprovechar sus fallos en nuestro beneficio?

Momificar el orgullo y estar permanentemente abiertos a detectar y resolver con toda celeridad los errores propios es fundamental: un gran amante puede ser despedido por no reconocer y resolver su halitosis.

Partiendo de la verdad universal e infalible que la competencia también se equivoca, nunca he acabado de entender por qué en la actividad empresarial no se dedica un mínimo del 5 por ciento del tiempo de los directivos a detectar los errores de la competencia, obviamente no a efectos de sádica autocomplacencia, sino como objetivo inmediato de autosuperación y, en lo posible, de destrucción de nuestro querido enemigo.

Si se considera eficiente disponer de un servicio de asistencia al consumidor, igual o más lo es disponer de un servicio de detección de los errores del competidor.

En las grandes corporaciones que además son inteligentes, algún día esta misión será objeto de una vicepresidencia o dirección concreta: la que se ocupe de la detección de los errores de la competencia.

Créeme que esta propuesta no tiene nada de extravagante: en la actividad de los partidos políticos, que a efectos de captación de voto es competencia pura y dura, este 5 por ciento de dedicación que propongo ellos lo convierten, como mínimo, en un 51 por ciento de su actividad.

Principio 29

Sólo lo concreto motiva

Pongamos a prueba el principio. Analicemos dos maneras de decir lo mismo.

Prueba 1.- «Cuando nuestras miradas, vagando en un infinito de posibilidades, por intención o azar se cruzan, siento un algo que en este momento de mi existencia me resulta muy difícil definir. No obstante, como percibo que mis palabras te producen tal vez sorpresa, acaso interés y en cualquier caso observo que inquietud, un estado de ánimo que bajo ningún concepto deseo provocarte, y sólo con la intención de que no quede la menor duda respecto a mis intenciones, me atrevo a preguntarte... ¿Aceptarías cenar conmigo esta noche?»

Prueba 2.- «Me encantas. ¿Cenamos hoy?»

No sólo somos la generación que produce más basura. También somos la que, habiendo tanto por hacer, produce más desperdicio de tiempo.

Si calculamos el valor del tiempo invertido en habladurías sin eco, el utilizado en driblar zancadillas de lobos colegas con piel de oveja amiga, las anorexias imprescindibles para deglutir la bilis provocada por las impertinencias, estupideces y deficiencias mentales de nuestros jefes, llegaríamos a la conclusión de que somos una generación de útiles notablemente inutilizados.

Concretar es la gota de esencia de los efluvios del cerebro. Es el atajo, el golpe directo y certero en el clavo que lo va a aguantar todo. Porque en la dispersión germina y crece la ambigüedad, y en la concreción, la determinación.

Me encanta el texto de una caja de cerillas de un hotel Four Seasons: «el tiempo es lo más valioso que puedes gastar». Presiento que no es de ellos, pero es perfecta para grabárnosla en alguna neurona con fuerte capacidad de contagio sobre el resto de nuestro cerebro.

Principio 30

Cuando no pasa nada, no pasa nada

La vida es un gran teatro abierto en el que diariamente se interpretan, de forma simultánea, miles de obras ya conocidas, algunas nuevas e infinidad de escenas sin guión previo ni actores predeterminados.

El aforo es inmenso: en este momento alcanza los seis mil millones de plazas. Menos del 1 por ciento lo ve todo desde su palco privado. Un 30 por ciento tiene butacas, obviamente unas mucho mejor situadas que otras. El resto se sienta al fondo, en el suelo, y la aglomeración es tal que muchos no llegan a enterarse jamás de las obras que constantemente se representan.

El escenario está abierto a todo aquel que quiera subir y actuar, pero la mayoría deja transcurrir sus días como simples espectadores: unos porque se sienten muy cómodos apoltronados en su localidad; otros, porque saben que cualquier intento de alcanzar lo que para ellos está alejadísimo es literalmente imposible.

Entonces... ¿quiénes son los autores y actores de la obra? Muy fácil: aquellos que deciden ponerse en pie, se esfuerzan por encontrar su camino entre la aglomeración y al final consiguen subir al escenario. Unos llegan cómodamente por la escalerilla; otros lo escalan trepando con inmenso esfuerzo, entre empujones y zancadillas. Pero todos, sin excepción, están unidos por una actitud común: quieren hacerse escuchar, y para conseguirlo saben que tienen que entrar en acción y convertirse en protagonistas.

Unos serán primeros actores; otros se moverán como sombras por el fondo, pero siguen allí esperando su circunstancia y momento. En cualquier caso, todos ellos saben que para actuar hay que buscar o provocar la oportunidad; hay que subir y estar en el escenario.

Arriba está la acción; abajo, la contemplación. Arriba pasan cosas; abajo no pasa nada. Y cuando no pasa nada, no pasa nada.

Principio 31

Los pájaros pían, los perros ladran, las ranas croan, los humanos hablan. Y los más inteligentes, mientras lo hacen, expresan cosas

La palabra es el sonido exterior de nuestro cerebro. Por eso es tan importante saberla conducir y controlar: cuando eso se pierde, estamos abriendo esa caja fuerte que es nuestro cráneo, mostrando los pensamientos y criterios que retenemos en nuestro cerebro. Jugamos enseñando nuestras cartas.

En los momentos importantes, ser muy conscientes de lo que se dice y del por qué y del cómo se dice, puede marcar de forma definitiva el rumbo de nuestro presente y nuestro futuro.

Lo primero a dominar es el tono en el que nos expresamos: el cómo lo decimos. Hay conversaciones que parecen un ring de combate, otras una hamaca de ensoñación, algunas se asemejan a un agradable paseo y otras a una precipitada carrera. El tono es el resultado de la tensión y el volumen que nuestras neuronas ordenan a nuestras cuatro cuerdas vocales. Dependiendo del tono, «eres un hijo de puta» puede ser un gravísimo insulto o una evidente muestra de admiración. El tono es nuestra música. Y todos sabemos que la música, al igual que amansa a las fieras las puede excitar en demasía.

Lo segundo es saber controlar por qué decimos exactamente lo que decimos. Al igual que un paisaje puede pintarse de mil formas, cualquier situación puede describirse de mil maneras. Saber elegir las palabras precisas para emitirlas al cerebro del oyente es lo que a algunos los convierte en «buenos comunicadores». Si no se tiene ese don, pienso que la mejor forma de alcanzarlo es a través de uno de los mayores placeres íntimos que existe: la lectura de buenos libros. Para elegir las mejores palabras, antes hay que haberlas aprendido y absorbido.

Pero lo realmente trascendente es ser conscientes de el qué se dice, porque es así como evidenciamos nuestra pretensión, deseo o defensa, unas veces para describir y otras para conseguir.

Si tan sólo se trata de describir, el expresarnos bien o mal nos convierte en excelentes, pasables o malos narradores, una circunstancia que, a ese nivel, normalmente no es trascendente.

Pero cuando decimos para conseguir, y más cuando se trata de algo importante, estamos hablando de palabras mayores. Saberlas seleccionar y condimentar al gusto preciso de la personalidad, la circunstancia y el momento de quien las va a oír significa tener mucho avanzado, porque posiblemente sólo así vamos a ser escuchados.

Lo que decimos es la letra de nuestra canción: mejor que suene bien a los oídos de quien nos escucha.

Principio 32

Si no tienes credibilidad, no tienes zapatos. Y el camino está plagado de piedras

Con la venia y comprensión de mister Shakespeare, siempre creí que tras su imbatible «ser o no ser» proseguía un modesto y personal «te creo o no te creo». Porque para convivir, ésta es la segunda gran cuestión.

Vivimos en una permanente dislexia intelectual: al tiempo que como género animal acumulamos el súmmum de la inteligencia, si esquivamos el fanatismo somos conscientes de que provenimos de unas raíces misteriosas (¿hay alguien por ahí que pueda asegurar con rotundidad el origen del mundo?), al tiempo que con la última caída de párpados entramos en una dimensión desconocida (¿algún fallecido podría tener el detalle de explicarnos qué ocurre diez segundos después de la muerte?).

Cuando somos capaces de hacernos estas preguntas (junto a otras de rango menor, como por ejemplo, cómo es posible que en la comunidad de vecinos haya dos propietarios tan cretinos), nos envuelve una sensación de falta de confianza. Es por eso que para la gente sensata existe un factor determinante que avala la confianza y paz necesarias para vivir dentro del universo desconocido: la credibilidad.

La desconfianza crea tensión, duda, temor, recelos, manías e incluso odios.

Por el contrario, la credibilidad es la llave que abre la puerta de la confianza. Con ella nos relajamos, entregamos, cedemos e incluso queremos. La confianza es el nudo que aguanta todas las presiones.

Para los fantasmas del día a día la confianza es un término antiguo, kitsch e inútil. En el baile de la vida apuestan por «la fascinación instantánea», y son capaces de moverse como convenga con tal de conseguir la atención inmediata: pueden menear el culo, removerse con una danza del vientre, puntear una milimetrada sardana o dar gigantescos brincos masais.

Con el tiempo, siempre acaban siendo despedidos del baile. La credibilidad es una danza lenta, de pasos precisos, seguros, envolventes y profundos. Es el abrazo con el que otro te rodea y se entrega para que seas tú quien conduzcas sus mejores pasos.

Principio 33

Sentir no es pecado: es el orgasmo del intelecto

Sin el permanente trabajo de percepción y emisión de nuestros sentidos, seríamos vegetales con patas. La suma del poder ver, oír, oler, paladear y palpar eleva nuestra existencia a su quinta potencia y nos convierte en el cum laude del universo conocido.

Somos definitivamente inconscientes de nuestra perfección, de la inconmensurable maravilla que representa poseer bajo nuestro forro de piel las cinco configuraciones más perfectas que jamás han existido, todas ellas conectadas al único software capaz de humillar a Bill Gates: nuestro cerebro.

Cuando culturalmente somos capaces de rechazar y reírnos de los agoreros y castradores históricos de nuestros cinco tentáculos de sensibilidad, cuando desde la ética culta y sin fanatismos nos abrimos a la plena conciencia de nuestra suma de conciencias, estamos en condiciones de visionar, auscultar, absorber, saborear y acariciar lo mucho que constantemente nos ofrece la vida, desde universos de mínimas sensaciones hasta la concreción de grandiosos placeres.

Limitarse es castrarse. Es convertirse en eunuco o practicarse una autoablación cerebral.

Provocar el sentir es agudizar la percepción, que es la aorta superior por donde fluye la máxima información hasta el cerebro. Cuando nos conectamos con lo que más nos interesa o nos provoca de nuestro entorno, de forma imperceptible estamos cargando nuestras neuronas con toda la energía que constantemente desprende la vida. Percibimos más, sentimos más, somos más.

Históricamente, los poderes establecidos consideraron que su permanencia radicaba en el control y la sumisión de las percepciones, los sentimientos y los sentidos.

Lo que definitivamente, y a pesar de todas las dificultades, presiones, represiones, coacciones y altibajos va a marcar el siglo XXI va a ser (imperceptiblemente lo está empezando a ser ya) la toma de la nueva Bastilla por parte de los nuevos ciudadanos de la Tierra: el triunfo del intelecto imparcial y pragmático, que es lo único que conduce a la libertad no fanatizada y justa.

Principio 34

La oreja es el receptáculo de la obediencia. El emisor de tu capacidad de ser y decidir es tu boca

La boca emite el sonido de nuestro instante.

En determinadas circunstancias y ambientes, a veces tenemos la impresión de que aquellos que teniendo gran mando son escuetos en la palabra, son auténticos zorros habilidosos de la relación humana. Su silencio se interpreta como inteligencia: se envuelven de una cámara aséptica de aire místico y misterioso que les ayuda a mantenerse en la cima, aislados de los disparos de sus contrincantes.

Personalmente he conocido a algunos. Y puedo asegurar que todos, sin excepción, han cerrado su limitado historial como sublimes memos. Escudados en sus galones, o bien no tenían nada que decir o bien la rapidez de sus reflejos era equivalente a la del culo de una botella de gaseosa cien veces reciclada.

El oído es un órgano receptor. Por él penetran los deseos, conocimientos y miserias expresados oralmente, además de los sonidos no humanos y la música en todas sus expresiones. También es el receptáculo de la obediencia.

La boca es un órgano emisor. Expresa, susurra,

chilla, canta, gime, ríe, llora. La boca rechaza, promete y siempre compromete.

Un líder es un permanente contagiador neto y nato de fe, fuerza y optimismo. Y su contagio lo expande, fundamentalmente, a través de su boca. Jadea caminos, escupe anatemas, exhala principios, exclama entusiasmos y grita futuros.

Cuando esta capacidad no existe o se desprecia, los únicos líderes posibles son los dictadores, esos engendros que sustituyen todo lo dicho por el garrote de mando.

Siempre hay que hablar. Es la vía para entenderse o para alejarse, pero en cualquier caso siempre sirve para saber dónde se está e incluso, a veces, si se está.

Principio 35

El día del consumo se mueve entre el 100% racional y el 100% emocional. Encontrar el punto es empezar a sintonizar con el consumidor

Si la finalidad suprema del médico es sanar, la del maestro enseñar y la del bombero apagar... ¿cuál es la del vendedor?

Obviamente, el cómo lo hace y consigue es muy importante, porque una venta que quiebra los perfiles que definen una marca puede significar un cúmulo de secuelas de alto riesgo; los mismos que corren los pacientes mal curados, los alumnos mal tratados y los fuegos mal apagados.

En un mercado con exceso de oferta y con el producto permanentemente momificado y silencioso ante las fauces de los clientes, se evidencia que todo lo que nosotros no seamos capaces de decir y transmitir respecto a sus maravillas, difícilmente lo harán otros.

La simpatía con verborrea marea; la simpatía con concreción seduce y es la antesala del convencimiento.

El abc de la seducción es muy simple: sólo se trata de decir al cliente lo que desea escuchar, o más a lo bestia, sólo se trata de poner en el anzuelo aquello que conseguirá que nuestro pececito pique satisfecho.

Como compradores, nuestros intereses siempre y sólo se mueven entre la razón y la emoción, entre la rasante necesidad y la etérea sensibilidad. Y todo, absolutamente todo lo que se nos ofrece y necesitamos o deseamos, tiene su cocktail definido y triunfal.

¿Será un 10 por ciento de razón tecnológica, un 70 por ciento de modernidad dignamente aburguesada y un 30 por ciento de anécdota inteligente? ¿O tal vez precisará un 40 por ciento de solvencia de país de origen, otro 40 por ciento de tecnología punta y un 20 por ciento de estatus? ¿Y si fuera un 30 por ciento de modelo rompehielos con un 70 por ciento de «con mi adquisición ahora os vais a enterar todos de mi exquisitez y del poder de mi cuenta corriente»?

Definitivamente, los grandes comerciales son siempre gigantescos barmans, que saben dar con el cocktail que fascina las papilas compradoras de los humanos.

Principio 36

Cada vez hay menos creyentes y más consumistas basculantes

Somos herederos de un mundo que se hizo desde la rigidez absoluta a creencias, costumbres y prácticas. Todo estaba predeterminado por algún poder externo, encorsetado y con amenaza y castigo ante supuestos desviacionismos. Había que ser creyente a la fuerza. Y el café sólo podía ser café.

Hoy, si te apetece café puedes elegir entre expreso, normal, doble, americano, cortado, ristretto, con leche, carajillo, capuchino, granizado, descafeinado, liofilizado, de sobre, de máquina... y entre más de cincuenta variedades de diecisiete países.

¿Analizamos coches, bancos, croquetas congeladas, ordenadores, preservativos, bombillas?

Los ciudadanos de los países abiertos al mercado, a partir de un mínimo de renta somos las primeras generaciones con acceso al exceso. ¿Por qué tenemos que cerrarnos a una sola marca u opinión, cuando existen tantas y con tantas promesas y alicientes de vidas o momentos mejores?

La fe en las marcas cada vez se tambalea más porque la cultura y las rentas abren la visión y el bolsillo, y cuando esto sucede disminuye la fe en los demás y crece la fe en uno mismo.

¿Qué se puede hacer ante esta creciente realidad?

He conocido más de una marca que, ofuscada

por éxitos pasados, se creía en posesión de la verdad y que sus productos eran indiscutibles e intocables. Todas se la pegaron. Sin perder la dignidad, hay que dejarse manosear por la realidad, que significa entender la corriente y no remar en su contra.

Las variaciones sobre un mismo producto para cubrir distintas apetencias, diversificar la empresa sin desmelene pero con convicción... en definitiva, perder la rigidez y saber bascular siguiendo el amplio espectro de vaivenes de la sociedad es una buena manera de, además de estar, contar.

En el siglo XXI, cada vez habrá menos creencias y más conveniencias.

Principio 37

Los directivos de paso nunca consiguen ser directivos de peso

Un nuevo directivo es una semilla que se planta en la empresa. Si la tierra, el clima y la humedad son correctos, tiene el deber y la obligación de dar buenos frutos con su trabajo.

Los años me llevaron a la conclusión de que, al igual que las semillas, todo directivo necesita un tiempo de germinación que podemos dividir en tres fases.

La primera es la hidratación, cuando se produce una intensa absorción de agua por parte de los distintos tejidos que forman la semilla. De idéntica manera, el nuevo directivo se hidrata, sumergiéndose e impregnándose en todas las oportunidades y problemas de su misión.

La segunda es la germinación. En ella se producen las transformaciones metabólicas necesarias para el correcto desarrollo de la planta, mientras se reduce considerablemente la absorción de agua. A su vez, el directivo ajusta su metabolismo, y mientras entiende el nuevo ambiente, perfila el desarrollo que va a aportar. Ahora absorbe muy poco: ya no se concentra sólo en recibir, planifica el dar.

La tercera fase es la del crecimiento, que se asocia con la emergencia de la radícula, el cambio morfológico visible. Crece la absorción de agua y la actividad respiratoria. En el directivo debe coincidir con su crecimiento, fundamentado en disponer de recursos y sudar intensamente la camiseta.

¿Qué ocurre cuando estos plazos no se respetan? Fácil: si la empresa-huerto ha facilitado la tierra, el clima y el agua lógicas y el directivo-semilla se va antes de tiempo, el tipo es un cretino y lo invertido en él ha sido gastar pólvora en salvas. Entre otras estupideces, acostumbran a alegar que un *headhunter* cazatalentos los tentó con una propuesta irrenunciable y que muchas gracias por todo. Es la clásica excusa de los pájaros locos del picoteo en su propio currículo. Desconocen lo que significa contribuir al crecimiento ajeno; sólo buscan el propio. Normalmente, al tercer vuelo siempre quedan retratados y agujereados.

Cosa distinta es cuando la empresa no cumple nada de lo previsto. Las buenas semillas, en las tierras áridas no deben durar más de lo que dura una luna de miel con eclipse total de sol.

Mi experiencia me enseñó que, si todo funciona con dignidad, cuatro años es el tiempo mínimo para germinar, crecer y dar copiosos frutos. Respecto al tiempo máximo, si no se deteriora la fe, mientras el cuerpo aguante.

Principio 38

Un triunfador es mucho más que un trabajador: es un obseso

Triunfador es quien consigue amplio reconocimiento social porque hace algo admirable que para la mayoría es imposible igualar.

En nuestra infancia/adolescencia, todos fuimos triunfadores en potencia. Emitíamos señales que evidenciaban un hiperinterés o una habilidad concreta, posiblemente como consecuencia de unos genes marcados que aún hoy a la ciencia le es imposible detectar.

En la mayoría de los casos, ¿qué sucedió para no habernos convertido en grandes triunfadores? Sucedió y sigue sucediendo que la cultura y tradición de los mayores, los padres y docentes que deberían ejercer en los menores el trascendente papel de descubridores de sus tesoros ocultos, raras veces lo practican. Al contrario, demasiadas veces aplastan y malogran fantasías, esperanzas y sueños, simplemente porque no entienden que las grandes minas siempre se esconden detrás de una diminuta y a veces casi imperceptible veta. Deciden nuestro futuro imponiendo sus debilidades, en lugar de potenciar nuestras energías.

Desde su infancia o adolescencia el triunfador es un ser que vive intensamente apasionado por lo que configura su interés prioritario. Es un enano en estatura y un gigante en obsesión. Y gracias a ella busca, absorbe e integra en su cerebro una calidad y cantidad de información y deseo que para otros no adquiere especial relieve. Sus ganas de entender y ser multiplican y potencian su existir.

Cuando el enano ya ha crecido, si a temprana edad paladeó el sabor del reconocimiento y lo digirió como nueva energía, normalmente su camino hacia la cima es imparable. Y su desarrollo tiene unas constantes muy concretas, que se podrían resumir en este repóker de ases:

A.- Es tremendamente exigente consigo mismo y, en consecuencia, con quienes le rodean.

AA.- Es un perfeccionista compulsivo al que le enferma la mediocridad y el desinterés.

AAA.- Es capaz de visionar, controlar e impulsar todos los frentes que de alguna forma puedan determinar su triunfo.

AAAA.- Su grado de autoexigencia le sitúa en una actitud mental en la que piensa que cada cosa y cada día va a ser el más importante de su vida.

AAAAA.- Mientras triunfa es mínimamente consciente de lo que va consiguiendo; por eso jamás se duerme en los laureles.

Ya de mayor es idéntico, porque un triunfador, a cualquier edad es un adulto con alma de niño grande.

Para quienes tienen como digno objetivo una vida apacible, ser triunfador es un rollo: incluso el término «obseso» les puede sonar a cierto virus enfermizo e incluso despreciable.

Por su parte, los triunfadores piensan exactamente lo contrario respecto a quienes no sufren su contagio. Para ellos, el «rollo» es la vida sin obsesión de éxito.

En circunstancias excepcionales, especímenes de los dos grupos pueden llegar a entenderse y ser relativamente compatibles.

Principio 39

Un directivo es alguien que aporta valor a su compañía. Si no lo hace, sobra

Para que el recuerdo esté lo más fresco posible, analiza tu última semana laboral.

Seguro que trabajaste muchas horas, posiblemente más de las que te correspondían. Hablaste con bastantes personas, tal vez tuviste intensas reuniones y agotadores desplazamientos. Y más de un día llegaste tarde y cansado a casa, satisfecho porque todo salió bien aunque quizá con un punto de cabreo porque algunas cosas y personas se torcieron.

Felicidades: estás hecho un gran trabajador.

Sólo una pregunta: Como consecuencia directa de toda tu actividad, ¿podrías con honestidad afirmar si has conseguido o provocado que algún aspecto concreto de tu empresa haya mejorado? ¿Que si no hubieras hecho lo que hiciste aquello seguiría igual, y sin embargo tú conseguiste que cambiase a mejor?

Constantemente hay que recordar que una compañía es un productor de cosas y servicios, que sin la intervención de su equipo humano es un montón de espacios físicos, equipamientos, recursos económicos y stocks con olor a muerto. Y que lo único que puede darle vida es la calidad y la actitud de su equipo humano.

Si por la mañana te levantas pensando únicamente en que has de ir a trabajar te equivocas, porque dentro de diez años te seguirás levantando pensando lo mismo y, seguramente, haciendo el mismo trabajo.

Si cuando te levantas piensas que has de ir a tu empresa para hacer que gracias a ti algo mejore, y además trabajas y maniobras para hacerlo posible, entonces eres un auténtico creador de valor.

Mi opinión respecto a la creación de valor es contundente: nadie conoce mejor un huerto que quien lo cultiva. En el titular de este principio escribí «directivos», pero confieso que hice trampa para que no me despedazara algún sindicalista de cerrojo fijo. El recepcionista, el repartidor, la secretaria, el vendedor, el del almacén, la de administración, la de informática, el jefe de tal y la directora de cual, cada uno en su lugar de trabajo y todos sin excepción viven y conocen a la perfección las virtudes y los defectos de su parcela de empresa, porque en definitiva es su huerto. ¿Por qué tienes que esperar a que venga un consultor externo que te interrogue y te sonsaque toda la información precisa que sólo tú tienes sobre cómo hacerlo mejor, para que después él se forre con un informe hecho con tus ideas?

Cada vez que en la empresa alguien llama a la puerta de su superior para decirle... «He analizado mi trabajo y me gustaría explicar cómo puedo cambiarlo en beneficio de la empresa», está dando más voltaje a su bombilla, que es su currículo. Si ellos no saben aprovecharlo, definitivamente hay que empezar a pensar en cambiar de lámpara.

Principio 40

¿Necesitas un gran reto? Toma nota: todo puede hacerse mejor

Pienso que los cuatro puntos cardinales que sintetizan la actividad cerebral podrían concretarse en Pensar, Hacer, Descansar y Aburrirse.

El Hacer y el Descansar siempre los imaginé unidos por una correa transmisora que es la de respetarse a sí mismo. Alguien dijo que el trabajo ennoblece, frase que suscribo siempre y cuando se acepte un añadido: y no descansar embrutece.

Los otros dos puntos, Pensar y Aburrirse, son definitivamente equidistantes. Cuando Pensamos estamos exprimiendo las neuronas para extraerles nuestros mejores jugos, que los tenemos y para eso están. Sin embargo, Aburrirse es darnos licencia para que esas mismas neuronas se nos vayan oxidando sin rumbo y sin causa. El aburrimiento crónico es una tarjeta de crédito conectada a bancos de neuronas quebrados.

¿Quién es el responsable de nuestros aburrimientos? ¿Nuestro trabajo? ¿Una vida familiar donde lo único que se mueve son las dunas de un ambiente reseco? ¿La repetición sin fin de lo predeterminado y archiconocido?

¿Y qué? ¿Eso es todo para justificar el aburrimiento?

En el peor de los casos, el aburrimiento tan sólo es el decorado de un escenario de vida actual y puntual. Pero si en lugar de mirar hacia atrás y dejarse lastrar por lo que nos atenaza, miramos hacia adelante para intuir y descubrir todo lo que se puede hacer, estamos inoculando esperanza e incluso ilusión a nuestras abatidas neuronas. ¿Y sabes lo más maravilloso? Que todo, absolutamente todo, incluso lo que parece definitivamente hecho, pensado, establecido y aceptado, todo sin excepción, es mejorable.

Sólo tienes que mirar a tu alrededor con un punto de optimista inconformismo. Tu entorno, tus relaciones, tu trabajo, tus criterios para usar y disfrutar de las cosas, tus tristezas e incluso tus alegrías. Todo puede ser mejor.

Cerrarse en un pasado o en una actualidad que se nos volvió agria sólo produce gastritis cerebral crónica.

Lo mejor de la historia del mundo fue y será posible porque siempre hubo y habrá personas que no aceptaron lo establecido y se propusieron mejorarlo.

A tu historia personal le ocurre exactamente lo mismo: lo mejor, que tanto puede ser grandioso como mínimo, posiblemente aún lo tienes por hacer.

¿Te animas?

Principio 41

Las cosas no son lo que son, sino lo que la gente piensa que son

Cada realidad tiene muchas formas distintas e incluso enfrentadas de ser percibida.

Un Ferrari Testarrosa es un sueño para unos y una gilipollez sin sentido para otros.

Comer jamón de cerdo de Jabugo puede ser la mayor delicia gastronómica o un repulsivo pecado.

Algunos piensan que el *art déco* es un refinamiento del diseño, y otros, antiguallas que ni regaladas las querrían.

Una playa en agosto puede ser un ideal de vacaciones o una tortura para la paz íntima.

El comunismo para algunos es la auténtica justicia social, y para otros el mayor timo y fracaso de la historia.

Martín Lutero para unos significa luz; para otros, apagón.

Si alargamos la lista de cosas y creencias y pedimos a varios la opinión que pueden tener sobre cada una, nos encontraremos ante mucho más que un posible entretenimiento en una reunión de amigos: seremos conscientes de que cada realidad tiene muy distintas percepciones. Y que, a efectos prácticos, la realidad pasa a segundo término: lo que cuenta y decide es la percepción personal que cada uno tiene de la realidad. Entenderemos que nuestra percepción es nuestra realidad.

Todo emana imagen. Una cosa siempre es una materia inanimada; una idea es una expresión oral o el texto escrito de un ideal. Mientras no son capaces de transmitir sensaciones, toda cosa y toda idea son naturalezas muertas.

Y esas sensaciones emitidas, en ocasiones, llegan hasta un cerebro receptor, en otras hasta millones de cerebros que cada uno decodifica de acuerdo con su frecuencia de onda personal y su momento concreto.

Quienes pretenden dar a conocer cosas e ideas deben ser conscientes de que, más que hablar de ellas, hay que insistir en los hechos y sensaciones que más contribuyan a lograr una percepción/opinión positiva para el mayor número de personas.

Principio 42

Por cada cosa que sabemos, ignoramos infinidades. Y cuantas más cosas nos interesan, más desconocimiento nos acompaña

Ante la posibilidad de adquirir nuevos conocimientos, no hay actitud más estimulante y constructiva que la humildad. El conocimiento acumulado entre todos los humanos es tan extenso, profundo y potente que si cada uno pudiera pesar en una báscula lo que sabe y lo comparase con lo que desconoce, el resultado sería que todos, sin excepción, somos unos pobres ignorantes.

La humildad es la levadura que hace crecer el conocimiento. En cualquier materia, los «sabelotodo» que se cierran ante cualquier aportación ajena y desprecian cuanto no proviene de sus propios criterios, lo único que consiguen es blindar su cerebro al aire fresco del exterior: han entrado en un proceso de oxidación y herrumbre de sus neuronas.

Sin la menor duda, el mayor cambio al que estamos asistiendo y que configura en silencio un mundo definitivamente nuevo, es la democratización del conocimiento, un bien supremo que históricamente siempre estuvo limitado a ciertas élites. Jamás en la historia de la humanidad ha habido tanta gente formándose en universidades y escuelas. La enciclopedia quedó sustituida por unas diminutas teclas conectadas a Google o Yahoo, que ya podemos llevar en el bolsillo. El nivel del conocimiento medio no para de elevarse en cada una de las ramas del saber. Desde un punto de vista de elección de saber, sufrimos un exceso de información.

Estamos viviendo la época más fascinante de extensión del saber. Para los que quieren participar activamente en la carrera del desarrollo, jamás han tenido enfrente tanta pista.

Por eso es tan decisivo estar abiertos y absorbentes. Inteligente es aquel que cada vez que desea aprender toma una intensa conciencia de su ignorancia.

Principio 43

Hazle caso a Arquímedes: usa palancas

Cuando en el siglo II a.C. el sabio Arquímedes pedía un punto de apoyo para mover el mundo, sintetizaba un deseo perenne de los humanos: lograr fuerza y poder adicionales para conseguir mucho más que lo que queda limitado a la capacidad del propio organismo. En realidad, estaba reclamando un instrumento para el dominio.

Históricamente, el dominio se construyó ampliando tres capacidades humanas: la de desplazarse (limitada a unos 30 kilómetros diarios); la de mover masas (elevar más de 50 kilos lo consiguen muy pocos); y la fuerza frente o contra los demás (limitada hasta donde llegan los puños y las patadas).

La ambición, unida a la ampliación y dominio de esas tres particularidades, creó imperios, destruyó civilizaciones y perfiló el mundo que hoy tenemos. Las palancas para el desplazamiento fueron la rueda para correr más, la vela para navegar y el avión para volar. Para mover masas, el pico para perforar, la polea para levantar, el carro para desplazar; hoy, impresionantes máquinas son la evolución de esos principios. Por último, las palancas para multiplicar la fuerza propia fueron el hierro, la pólvora, la dinamita y, por último, la energía nuclear con fines bélicos.

Hoy, desplazarse, mover masas físicas y disponer de un arsenal de fuerza extra son asequibles para un porcentaje cada vez mayor de países-civilizaciones. Afortunadamente, cada vez hay más empates entre locos con mala leche, y por ello los riesgos del dominio por la fuerza se van reduciendo.

Pero el mundo no para de moverse y, desde hace unos años, asistimos de forma cada vez más acelerada a la incorporación de una nueva palanca: la del conocimiento.

Desde ya y en el futuro, los nuevos dominadores serán los que diseñen o dispongan de la mejor tecnología para ampliar la capacidad cerebral de los humanos y faciliten el triunfo del saber.

En este sentido, todos los instrumentos que amplíen información, conocimientos, documentación, análisis, capacidad de comunicación y decisión instantánea y personalizada van a ser las nuevas palancas para seguir moviendo el mundo. Ésta es la razón del triunfo de la informática y de muchos de los nuevos instrumentos de comunicación: sus inmensas capacidades de ampliación de la capacidad del cerebro.

Vivir con un intenso sentido de la actualidad significa que hay que estar permanentemente abierto al conocimiento, al aprendizaje y a la utilización de las nuevas palancas que hoy están moviendo las sociedades. No hacerlo significa perder fuerza, posibilidades y el dominio del escenario concreto por el que irá transcurriendo la vida.

Principio 44

Vigila la calidad de tu energía. La positiva hace avanzar, la negativa frena y hace retroceder

Cada vez que estamos frente a alguien y nuestras miradas se cruzan, aunque sea de forma subconsciente estamos emitiendo y captando percepciones y sensaciones: estamos transmitiendo e intercambiando energía.

El poder de una sonrisa sincera, la magia de una mirada profunda que afirma, aproxima o desprecia, el tono de las palabras, los movimientos del cuerpo y especialmente de las manos, son descargas de energía que emitimos y que nuestro interlocutor siempre capta, exactamente como nos ocurre a nosotros con él.

Algún día, además de nuestros cinco sentidos tradicionales, vista, oído, olfato, gusto y tacto, se estudiará, conocerá y concretará este algo que por ahora y sólo tímidamente algunos se atreven a calificar como un sexto sentido: la capacidad de «sentir» o «percibir», un sentido hecho de sensaciones y que en la relación entre humanos tiene, en muchas ocasiones, una importancia trascendente para formar la propia opinión.

Los comentarios «X me cae muy bien» o «no sé

qué tiene W, pero no me fío», la mayoría de las veces son el resultado y la consecuencia de la energía que nos transmiten.

En la medida en que nuestro éxito depende de una cierta relación con otros, hay que estar atento y ser cuidadoso con la calidad e intensidad de nuestra emisión de sensaciones. Y al igual que seremos incapaces de ir a cierta entrevista con la ropa sucia o el aspecto físico de juzgado nocturno de guardia, también debemos controlar aquellos matices de expresión que influyan en la forma en que seremos percibidos.

La máxima importancia del éxito o el fracaso del sexto sentido la alcanzan los políticos durante sus campañas electorales. En muchas ocasiones sus formas de aparecer y decir son tanto o más decisivas que su discurso. Una lágrima a tiempo o una mirada de odio a destiempo pueden significar miles de votos: su éxito o su fracaso.

En la vida profesional, y por supuesto en la íntima y personal, transmitir buena energía es caminar sobre la alfombra del posible entendimiento y la paz; transmitir mala energía es sembrar de tachuelas el suelo que nos rodea. Y al final, no lo olvidemos, siempre hay que caminar.

Principio 45

La inspiración sin trabajo es la excusa divina de los vagos

Si exceptuamos la naturaleza en su estado virgen, todo lo que usamos y todo lo que nos rodea es consecuencia de ideas que el trabajo ha transformado en realidades. Si nos hubiésemos quedado sólo con excelsas ideas que nadie hubiera trabajado, hoy seguiríamos viviendo en cuevas (por supuesto, naturales y sin aire acondicionado).

No en vano nacemos abriéndonos paso y haciendo fuerza desde las entrañas de nuestra madre utilizando nuestro mayor potencial de futuro: nuestra cabeza. Allí, protegido por un cofre blindado llamado cráneo, late un diamante en bruto que oculta una infinita gama de caras, brillos y colores por descubrir y pulir.

Con los años, a veces muy pronto, cada cerebro mostrará aficiones, intereses, pasiones... Son nuestros mínimos «yo» que germinan y brotan tratando de abrirse camino.

Es la época de la educación, ese bien imprescindible que clama por una necesaria puesta al día entendida como el arte de transmitir conocimientos junto a una atención y formación personalizada para quienes apuntan destellos luminosos concretos. Y cuando lo propongo lo hago con total conciencia de no estar sugiriendo ninguna entelequia, porque esto es exactamente lo que hacen algunos clubes de fútbol con la cantera: poner a trabajar desde la tierna adolescencia a posibles grandes futbolistas del futuro.

Sin embargo, lo que se hace en este y otros deportes, se ignora en lo que es el eje determinante de la vida profesional: el conocimiento. Se deja que muchos niños y jóvenes vayan quedando alisados por informaciones que les van a ser completamente inútiles mientras no se les abren rendijas para que crezcan trabajando sus vocaciones. A veces la escuela también malogra.

Insisto en la infancia y la adolescencia porque es en este momento de la vida cuando debe empezar a crearse la cultura del esfuerzo para hacer posible lo que se desea. Y ésta es cultura que debe ser impregnada tanto por padres como por educadores.

Las grandes ideas, mientras no se materializan con el esfuerzo que las convierte en realidad, son puro humo.

Para hacer posible lo que se desea, sólo existen el trabajo y la habilidad para desarrollarlo.

El ocio es necesario, pero el trabajo es imprescindible.

Principio 46

Cuanto más te alejas de la gente, menos la conoces

Normalmente, uno conoce a unas cuantas decenas de personas. Tal vez a centenares. Excepcionalmente, se llega a conocer a algunos miles.

Cuando queremos calificar al resto del mundo que no conocemos, lo denominamos «la gente»: es la manera habitual de calificar a un grupo que, dependiendo del concepto, puede llegar a alcanzar los seis mil millones.

En calles, aeropuertos, espectáculos..., constantemente, en mil y un lugares, nos cruzamos con multitud de personas que no significan ni significarán absolutamente nada para nosotros... ni nosotros nada para ellos. Vivimos encerrados en tupidas redes rebosantes de ignorancias recíprocas... hasta que un día nos necesitamos. A todos o a algunos de esos inmensos desconocidos tendremos algo de lo que convencerles, venderles o quizá contar con su apoyo e incluso con su respeto; tal vez necesitaremos su comprensión... quién sabe si incluso su fe.

Para comprenderse, primero se necesita entenderse. Y la gran pregunta es... ¿cómo se puede entender a un perfecto y anónimo desconocido?

Es muy fácil.

Si quieres aprender a nadar tendrás que tirarte al agua, para aprender a cocinar algún día deberás romper el primer huevo, y para conocer a la gente habrá que sumergirse y envolverse en ellos y con ellos. Hay que rozarlos, oírlos y observarlos. Abrir el cerebro y ponerse en su piel. Sin soberbia. Sin un distante «yo sé más que ellos». Sin un chulesco «la gente no sabe lo que quiere». Sin un mezquino «habrá que conducirlos».

Es imposible comprender, coincidir e incidir desde el distanciamiento, el desprecio o la prepotencia. Al final todos somos gente, y no hay mejor forma de comprenderse que «de persona a persona».

A nivel personal, a veces nos cuesta hablar abiertamente con quien tenemos algo que tratar, y por ello previamente indagamos sus perfiles y referencias a través de algún conocido mutuo que nos pueda informar.

En el mundo comercial ocurre lo mismo. Es muy importante la cantidad de dinero que se invierte en conocer, a través de estudios, encuestas y entrevistas, los mil y un matices que configuran la opinión de «la gente» respecto a una marca.

Evidentemente son radiografías que en ocasiones pueden ayudar. Pero es definitivamente necio —y con toda seguridad amoral— que los directivos que encargan estos estudios sean incapaces de salir un rato a la calle y vivir directamente, a través de la observación directa, la experiencia real de los hechos que les interesa conocer. Es el maravilloso principio del «vagabundear» que leí y asumí de algún sabio cuyo nombre no logro recordar. (Pido excusas; siempre fui antificha.)

A todos esos ejecutivos les recomiendo encarecidamente menos despacho y más calle. Porque frente a su mesa sólo hay problemas que solucionar; la oportunidad y el dinero siempre están en la calle.

Principio 47

¿Eres conocido o reconocido?

Entre sus infinitas aptitudes, nuestro cerebro también tiene la de ser un inmenso archivo en el que vamos catalogando la opinión que nos merecen todos aquellos que conocemos, tanto directamente como por referencias y a través de los medios de comunicación.

Es un proceso muchas veces subconsciente pero inevitable. Adjudicamos a cada uno rasgos, circunstancias y valoraciones que al final catalogamos, con múltiples matices, como dignos de interés, neutralidad o desprecio.

Es tal la actividad e importancia de este archivo que vivimos permanentemente conectados a él, incluso en nuestras horas más olvidadas que son las del sueño. Sólo es necesario recordar o tener enfrente a X, oír en el teléfono la voz de Y, ver en la televisión a Z e incluso en plena noche soñar con ZZZ para que el archivo se active. Con independencia de la circunstancia concreta que nos conecte con aquella persona, nuestra opinión y actitud siempre estará envuelta y mediatizada por la opinión archivada que respecto a ella tenemos. Y aunque en segundos o con los años podamos reclasificar y cambiar nuestra valoración, esta envoltura queda marcada por una condición trascendental en las relaciones humanas: la credibilidad.

Si en lo personal el «ser o no ser» es la cuestión, en cualquier tipo de relación con los demás la cuestión es «creer o no creer».

Es por eso que la frase «lo importante es que se hable de uno, aunque sea mal», debería formar parte de la antología universal de las estupideces sin sentido, criterio ni porvenir.

Merecer un reconocimiento o ser simplemente alguien conocido, ya sea bien o mal valorado, en su origen depende exclusivamente de uno mismo, de lo que proyecta hacia los demás a través de lo que dice, hace y muestra.

Cuando hablamos descubrimos nuestras opiniones e intenciones. Cuando hacemos, enseñamos nuestras realidades. Y cuando mostramos (nuestro vestir, la pareja, la casa, incluso el tipo de coche, de viajes...), exhibimos nuestro rastro.

Después viene la opinión ajena, que es más potente en la medida que más exhibición pública tiene el protagonista.

En cualquier caso, y en contra del criterio de algunos crápulas sin huella, la opinión ajena siempre nace y después crece como consecuencia de los actos que genera e irradia el propio interesado.

Principio 48

Los microchips son compatibles con las gambas

Para mantenerse y sobrevivir con dignidad hay que ser permanente equilibrista, motivo que hace aconsejable tener una clara y constante conciencia del equilibrio.

Dependiendo de las épocas, los días e incluso los momentos, el cable por el cual vamos caminando cual equilibristas de circo, adquiere diferente grosor, textura, elasticidad e incluso resistencia. Por eso el grado de atención, el tipo de paso que dar y, lo que es fundamental, la pértiga para avanzar compensado y no caerse, también tienen que ir cambiando.

Transitamos sobre el dar y el recibir, el amor y el desamor, el triunfo y el fracaso, el reconocimiento y la ignorancia, lo sublime y lo rastrero, la esperanza y el desánimo... En definitiva, constantemente avanzamos entre la gloria y la miseria.

El principio de avanzar sobre un cable sin caer se basa en una atenta agilidad para reequilibrar cualquier brusca descompensación que nos precipite al vacío, en ocasiones con red y en otras, para los más osados, poco previsores o desafortunados, sobre el duro suelo.

Caminar sobre el cable de la vida precisa de una mezcla de firmeza y ductilidad, concentración y serenidad, ilusión y responsabilidad; en definitiva, de sabia búsqueda del equilibrio.

Los extremos siempre acaban desequilibrándonos, exactamente como ocurre con las vidas a «todo o nada». La hiperconcentración en la acción sirve para el gran salto, ese reto u oportunidad única que a veces la vida nos plantea y que se aprovecha o se deja pasar para siempre, porque difícilmente se volverá a repetir. Pero no puedes estar forzando siempre y al límite ni el músculo ni el cerebro, porque se resquebrajan.

La sensata distensión ayuda a avanzar sobre el cable. Al descanso excesivo le hace falta acción, y a la acción excesiva le conviene el descanso. Su sabia dosificación es el eje central del equilibrio.

Principio 49

La universidad es un rompehielos. Los osos hay que salir a cazarlos

Son años de esfuerzo intelectual, de momentos de alta intensidad que se entremezclan con otros de alta distensión. Mientras va siguiendo el curso, en el rompehielos hay calefacción, buen ambiente y la comida y el alojamiento normalmente están asegurados.

Hasta que un día la nave llega a su destino final: el de tu graduación. Aquel día recibes tu título, que es la bisagra que cierra la puerta del recibir, todo este largo período íntimo de tu vida en el que no paraste de aprender, y te abre al nuevo espacio abierto, público y competitivo del dar, un cúmulo de largos años que irás sumando y acumulando hasta el jubiloso día de tu jubilación. La Universidad es el último caramelo que da la vida antes de descubrir los sabores ácidos.

Durante todos estos años, la Universidad ha tratado de llenar tu cerebro, pero se ha ocupado poco o nada de enseñarte a llenar tu cartera, como si la ciencia tuviera que darle la espalda a la conciencia.

Ahora ha llegado la hora en la que hay que descender por la escalerilla con tu título-fusil bajo el brazo, olfatear el ambiente, otear el espacio y empezar la caminata en busca de unos osos que normalmente no te están esperando.

Tus conocimientos van a ser tu arsenal de cazador, pero lo que va a determinar de forma importantísima tu fortuna va a ser tu habilidad para hacerte con el oso; aquella que tan sólo tú puedes intuir y desplegar disparando en el lugar adecuado y en el momento preciso. Para cazar, necesitarás tener talento y hambre de cazador.

Es bueno —personalmente pienso que es necesario— que en los largos años de navegación universitaria bajes de vez en cuando de la nave y vivas en directo el sabor del frío y la dificultad de la caza. Las prácticas profesionales en una empresa o institución dedicada a tu futura actividad, cualquiera que sea el nivel y retribución al que puedas acceder, te van a servir para sumergirte en el clima y las situaciones reales que algún día tendrás que soportar. Es un buen método para envolver a la ciencia de conciencia.

Principio 50

Por cada empresario que sabe crear valor para su marca, hay otro que la manosea y destroza

Lo tienes allí, de cuerpo y galón presente, a tres metros de distancia. Está en la cabecera de la gran mesa de juntas y hace mucho más que dirigir la reunión: la controla, manipula a su antojo, sentencia, vaticina, promueve, degüella, encumbra, se escucha, se escucha, se escucha... Contradecirle es un ataque mezquino, discutirle es un vale de incineración laboral... porque él y sólo él lo sabe todo, lo intuye, lo controla y lo decide todo.

He conocido a alguno de estos pajarracos burros. Su enfermedad se llama «obsesión de sillón». Todos sin excepción desplegaron su mejor vuelo para alcanzar su gran meta: entrar en el nido del gran poder, allí donde se incuba el futuro de la empresa. Pero una vez dentro, su gran interés se concentra en calentar e incubar sus propios huevos: en servirse del sillón en lugar de servir al sillón, demasiadas veces preparando en silencio su próximo asalto a una empresa más importante.

Engañan a *headhunters*, a herederos bobos de empresas familiares que juegan a trabajar, a consejos de administración cebados en la holgazanería distante y diletante. Y cuando sus superiores les demandan información sobre sus fiascos, les sobran frases, estudios y asesores para demostrar que ellos son los mejores y que toda la culpa la tiene el mercado y la coyuntura.

Desde la perspectiva de la empresa, el gran tema es atajar a tiempo esta sangría cerebral. En muchas ocasiones, si se exceptúan los balances financieros, muchas empresas tienen implantados escasos e incluso muchas veces ningún mecanismo o método de observación y control sobre su poder. Si la empresa es familiar y los problemas los crea alguien del clan, sólo un buen protocolo firmado entre los socios puede evitar fiascos definitivos. Pero en demasiadas ocasiones la solución llega tarde, cuando la devastación es difícil y costosa de reponer.

En cualquier sector donde exista un mínimo de alegría, cuando determinada empresa va de mal en peor no indagues demasiado: para encontrar el origen de todos sus problemas vete directamente a su cabeza.

Esta misma situación, cuando se produce en los niveles más elevados de la sociedad, con sus gobernantes, líderes económicos, intelectuales e incluso espirituales, el problema alcanza dimensiones gigantescas y grotescas.

Algún día habrá que reformular, para su propio y nuestro propio bien, la democracia: habrá que hacerla más democrática. Y a ciertos jerarcas habrá que bajarlos de sus pedestales: es indiscutible que la fe para que se perpetúen siempre debe ser ciega, pero algunos deberían corregir su escandalosa miopía respecto a su humanismo.

Principio 51

Un objetivo concretado en más de dos líneas es una miopía

La palabra es un formidable don, exclusivo de los humanos. La palabra dicha es el sonido de nuestro cerebro, y la escrita, su partitura.

Por cada palabra que usamos para concretar, comprometer o asegurar, diariamente utilizamos muchos miles en describir, merodear, preguntar y chafardear. En la inmensa mayoría de las conversaciones, conseguir un 1 por ciento de grano acompañado de un 99 por ciento de paja es, desde el punto de vista de la concreción, un rotundo éxito.

Es lógico que así sea: concretar un objetivo (en absoluto estamos hablando ahora de concretar hechos) es comprometerse con lo que se pretende. Exige raciocinio, análisis, determinación y compromiso. Para muchos, la cotidianidad de la vida no les exige compromisos constantes y tensos, esos que, acumulados año tras año, se convierten en los grandes patrocinadores de los infartos.

El armazón que aguanta cualquier empresa o actividad es la consecución de un objetivo que está bien estructurado y ensamblado en cada uno de sus detalles más determinantes.

Sin objetivo hay un existir sin causa, un merodear sin horizonte.

El defecto de muchos planes e incluso el de muchas organizaciones es la ambigüedad verbal y literaria que emplean para concretar su fin principal. Sea lo que sea lo que pretenden, utilizan una larga letanía de verborrea ampulosa, ególatra y muchas veces mesiánica para definir qué son y para qué existen, casi siempre rematadas con la coletilla de «crear una sociedad mejor». Una sarta de inconcreciones muchas veces colgada y enmarcada en las paredes de los despachos de sus ejecutivos, incapaces de memorizarlas.

Objetivos son, por ejemplo, «este año, ganar la liga», «ofrecer las primeras marcas a los precios más bajos», «diseñar nuestros productos con tres de los mejores arquitectos del mundo», «ofrecer el surtido de panes más apetitoso de la ciudad», «calzar con lo más cómodo», «producir los condones que den más placer a la vagina», «los pisos de 40 m^2 que lo tienen todo», etc., etc.

Para cada uno de estos objetivos, lo que después sigue es la suma de todos los instrumentos para hacerlo posible. Es lo que conocemos como el plan. Pero lo que jamás se debe hacer es confundir los instrumentos con el objetivo, porque cada vez que lo hacemos cambiamos la finalidad del muro por el análisis y pormenores de cada una de las piedras que lo configuran.

Principio 52

La gente sólo sigue lo que entiende

—¿Te gusta lo que ha dicho?

—Me ha encantado. Habla muy bien.

—¿Y vas a hacer lo que ha propuesto?

—Perdón... ¿estaba proponiendo algo?

Excepto cuando describimos sin más intención que la simple y llana transcripción de experiencias o criterios, siempre que expresamos tratamos de convencer, que es la manera pacífica de conseguir. Unas veces lo hacemos por interés, otras por simple orgullo o autoafirmación. La tinta oral muchas veces se gasta para dejar constancia de algo que nos interesa.

En determinados individuos se da la absurda circunstancia de que, cuando quieren convencer de algo a otros, su ego puede más que su interés. Quieren seducir con la forma, evidenciar conocimientos y conocidos, deslumbrar con anécdotas vividas y experiencias convividas. El eje de su argumentación es el brillo de su expresión, en lugar de la profundidad de su intención.

Olvidan que todo aquello que los demás no entienden, asumen o integran en sus necesidades o intereses, puede entretener e incluso ser admirado, pero no se acepta porque no encaja con los intereses ni las necesidades de los otros.

Sólo hay comprensión cuando existe conexión.

En mis largos años de publicista, en distintas

épocas tuve la fortuna de contar con dos maravillosos soportes humanos que me sirvieron mil veces más que costosos análisis de comprensión hechos por pseudosesudos investigadores. Una era la entrañable señora María; el otro, mi amigo Mario Núñez.

Cuando creía que ya tenía el eje de una línea de comunicación para una marca (su mensaje básico, su eslogan y una línea visual), se la comentaba. La señora María era la asistenta de mi casa; Mario Núñez, un mensajero de mi agencia, un ser humano divertido, profundo e inmensamente digno, que con los años se convirtió en un buen especialista audiovisual.

La vida de ambos era llanamente dura: nóminas pequeñas, trabajo rasposo, estudios mínimos... y un olfato de conejo despierto y aterrizado que olía la realidad antes de que aconteciera.

Ellos eran mis primeros clientes. Si lo que les explicaba lo entendían, les gustaba y, SOBRE TODO, les convencía, había línea de campaña. Siempre y sin excepción debía ser al primer intento: jamás cupo un «espera un momento, que te lo voy a volver a explicar». Pero si tras mi sintética explicación, como cuando se cuenta un chiste, encogían la nariz, me miraban con preocupación y me decían... «Eso no lo entiendo», su dictamen era determinante: había que volver a empezar.

Principio 53

Al trabajo hay que llegar limpio, digerido y leído

El éxito es la punta visible y luminosa del intelecto. Pero al igual que ocurre con el iceberg, lo que lo sostiene es una enorme masa invisible: la dedicación con alta concentración.

Dedicación con concentración significa condensar dones y cualidades para conseguir el máximo rendimiento en el mínimo tiempo.

Para empezar, es bueno que a nuestras distintas horas les asignemos, aunque sea de manera subconsciente, un titular: el tiempo del ocio, el de la familia, los amigos, el deporte, el de comer, dormir, formarse, informarse, el del etc. y el etc. Al hacerlo, ya estamos concretando dedicación y concentración. Y cuanto más nos lo creemos, menos nos dispersamos.

Si nos referimos a las horas del trabajo, lo primero que hay que hacer es eliminar todos los factores de entretenimiento estéril y vulgar que dispersan y diluyen nuestras neuronas, y con ello nuestra posibilidad de éxito. Es por eso que al trabajo hay que llegar limpio, digerido y leído.

En cuanto al aspecto, ir desaliñado es como entregar una tarjeta personal sucia, arrugada y con huellas. Para un excelente producto, un envase ligeramente repulsivo lo único que consigue es dificultar su aceptación y su venta.

En cuanto a los aprovisionamientos gastronómicos, en las horas de trabajo los jugos cerebrales tienen importantes contraindicaciones con los jugos intestinales. Si los atletas del cuerpo lo tienen clarísimo... ¿por qué no han de tenerlo los atletas del cerebro?

Respecto a llegar al trabajo leído u oído, es conveniente recordar la importancia de ser contemporáneo del tiempo que se está viviendo. No hay ocupación profesional (no hay nada) que se escape del entorno social, político y económico del momento. Captar síntesis informativas a primera hora de la mañana es lavarse la cabeza con el mundo. Y el mundo, mientras no seamos ermitaños, es nuestra pista para estar y conseguir.

Un ejemplo excelente de cómo planificar las primeras horas del día antes de que empiecen las refriegas del trabajo me lo comentó Xavier Oliver, quien durante veinte años fue presidente del grupo de publicidad BBDO en España, con cerca de 800 colaboradores. Después de haber hecho media hora de meditación personal, Xavier llegaba cada día a su despacho a las siete y hasta las nueve se dedicaba a planificar el día, «a pensar a quién quiero convencer y cómo lo haré. Cuando llegaba la gente yo ya lo tenía todo estructurado. De esta manera, muchas cosas del resto del día adquirían mucha más velocidad y claridad».

Principio 54

Si ante cada reto actúas como la gran oportunidad de tu vida, al final acabarás encontrándola

Además de dos manos, dos pies y un mínimo sentido del equilibrio para transportar unos platos, aquella joven de Bogotá tenía algo que jamás había visto antes: era la mejor camarera que he visto en mi vida. Llegaba a la mesa sonriendo, te explicaba con alegría lo que ibas a comer, te deseaba con una visible sinceridad que ojalá te gustase mucho, cuando le pedías algo daba la impresión de que tú eras el único cliente del restaurante, en ningún instante sentías que estaba trabajando (parecía que estaba en medio de un divertido juego) y cuando al final traía la cuenta, miraba a toda la mesa con una alegría desbordante y decía que le había encantado servirnos y preguntaba si nos veríamos pronto.

Cuando al cabo de tres meses volví, ya no estaba. Un amigo me comentó que trabajaba de maître en uno de los restaurantes más modernos de esta pujante y vitalista ciudad.

Aquel patito feo bogotano quería triunfar, y en vez de maldecir o ir tirando de su empleo como hacían todos sus compañeros, decidió potenciarlo hasta transformarse en un cisne para los clientes. Era muy consciente: el que en aquel momento era su escenario, si no hacía nada, probablemente lo sería para el resto de sus días. Por eso descargaba en cada uno de sus actos y gestos toda su energía y talento. ¡Felicidades, princesa!

Ahora, cualquiera que sea tu edad, por un momento imagina que por circunstancias que no vienen al caso acabas de conseguir lo máximo a lo que en este momento podrías aspirar: hoy mismo empiezas a trabajar de camarera o camarero.

¿No te gusta? Prefieres ser el maître: ningún problema, adjudicado.

¿Te parece poco? No te preocupes: acabas de comprar el restaurante. Mañana será tu primer día de cierre de caja.

¿Tampoco te va? ¡Jo, qué gente más importante está leyendo este libro! A ver..., acabas de comprar una cadena de 20... no, mejor de 125 restaurantes en todo el país. ¿Con eso ya te calmas?

Pues bien, cualquiera que sea tu posición, y puesto que no tienes otra, la elegida va a significar el gran reto de tu vida.

Si la aceptas como fin de trayecto, nada que añadir. Si por el contrario crees que donde estás hoy es un peldaño de una escalera de la que ni llegas a imaginar el fin, te quiero pedir que cada día pienses por un instante en la camarera patito feo de Bogotá.

Principio 55

¿Cuántas veces le has propuesto al jefe una mejora concreta para la empresa?

La empresa XXX te ha contratado para hacer el trabajo x. En su momento valoró tus méritos, los comparó con los de otros, entendió que eras el mejor para el puesto y te eligió. Desde aquel día te asignaron unas tareas que te convirtieron (cualquiera que sea tu nivel) en una pieza de una máquina muy compleja: estoy hablando de tu empresa.

Aceptada esta rasante realidad, el paso del tiempo normalmente desemboca en uno de esos tres futuros: quienes hacen muy bien su trabajo y no tienen jefes imbéciles, con el tiempo son promovidos a ocupaciones y nóminas superiores; quienes simplemente lo hacen bien, siguen en su puesto por los años de los años, porque para eso cobran; y quienes lo hacen mal, son despedidos (dependiendo de su antigüedad en la empresa, por las buenas o por las malas).

Como este libro va dirigido a personas que quieren ir a más, sólo me referiré a los del primer grupo, que son quienes por razones obvias siempre acaban haciéndose la misma pregunta: «¿Qué puedo y debo hacer para subir en mi empresa?»

La respuesta es muy simple: además de tu trabajo, tendrás que hacer mucho más que todos los que ocupan tu misma posición. Porque cuando lo haces, estás subiendo por encima de tu trabajo: estás pensando en el bien de la empresa.

El primer paso es hincharse de moral. Por muy deshumanizada que en ocasiones nos pueda parecer, al final una empresa siempre y sin excepción es una estructura humana. Es cierto que a veces puedes encontrarte jefes sordos, miopes, inútiles e incluso bastardos. Bien... ¿y qué? Todo ser humano tiene su talón de Aquiles, el punto por donde puedes penetrar en su interés y su conciencia. El solo hecho de investigarlo y descubrirlo ya será un buen masaje para tus neuronas.

El segundo paso es el factor sorpresa: meditar qué puedes aportar a tus jefes —sin que ni ellos ni nadie te lo hayan pedido— para que en tu parcela las cosas puedan mejorar en rapidez, eficacia, nivel de servicio, rentabilidad, etc. En definitiva, una acción que aporte un beneficio real, concreto y medible. ¿No se te ocurre nada? Es imposible: cualquier buen jardinero, cada vez que piensa en cómo mejorar su huerto lo consigue. Y en tu parcela, aquella que conoces al milímetro, nadie puede pensar soluciones mejor que tú.

Una vez tengas la idea, juega a lo «humildemente fuerte». En un lenguaje sencillo y breve, ponla por escrito. Ya sabes: problema, solución y beneficio para la empresa. Un folio siempre es mil veces mejor que dos. Y el hecho de escribirlo es un acta notarial de tu actitud, porque sienta jurisprudencia: demasiadas palabras se las lleva el viento o se las apoderan otros.

Finalmente, entra en acción. Un día que huelas viento en calma entras en el despacho del jefe y le dices que quieres hablar de un tema importante. Seguro que pensará que le llegas con un problema, con una propuesta de aumento de sueldo o para decirle que te vas.

Y entonces, tú y sólo tú le cambias todo el esquema: le estás demostrando que quieres a la empresa y lo evidencias con realidades.

¿Cuántas veces un compañero de trabajo, sin que él saliera beneficiado, te ha dado ideas para que el tuyo resulte mejor? La respuesta más probable es: nunca. ¿Y qué pensarías si lo hiciera y además te lo propusiera por escrito?

Pues ahora piensa en hacer eso mismo con los únicos que te pueden hacer ascender: con tus jefes. Recuerda que también son seres humanos. Y jamás olvides que la gente, cuanto más importante, más sola se siente.

P.D. Si a la tercera propuesta realmente buena siguen sin hacerte caso, empieza a pensar en irte a trabajar a la competencia.

Principio 56

La vida complica las cosas. Las personas y empresas eficaces lo son porque saben simplificarlas

Para alcanzar el éxito hay que estar permanentemente dispuesto a driblar tonterías y solucionar problemas. La acumulación de tiempo, talento y adrenalina que todos dedicamos diariamente a resolver complicaciones reales y estupideces ficticias es un lastre que calculo acorta como mínimo nuestras vidas en un 20 por ciento, y nuestra felicidad, dependiendo del momento, incluso en el 101 por ciento.

Definitivamente, la existencia tiene una inclinación natural a rodar por una pendiente llamada complicación.

Si aceptamos esta generalizada y contaminante miseria humana, su mejor antídoto se llama simplificación.

Cuando simplificamos estamos poniendo trabas a las dobles interpretaciones, a los «no te entendí», «me confundí» y toda la letanía de excusas tan habituales entre los exhibicionistas de cerebro almidonado.

La comunicación es el arte de hacerse entender; la simplificación es el atajo del entendimiento entre los humanos. Es la síntesis y la concreción necesarias para llegar a la esencia.

Las personas que mejor comunican son aquellas que, teniendo algo interesante que contar, se explican llanamente, con claridad y con sencillez. Si además lo hacen con ingenio —un ingenio que no les aparte un milímetro de lo que quieren expresar— sus palabras serán escuchadas con más atención, mejor comprendidas y más recordadas.

Las vueltas al ruedo sin que haya habido corrida es un defecto de quienes equivocadamente creen que la simplicidad es una derrota. En determinadas actividades y momentos hay en juego tanta decisión y dinero que algunos creen que hay que ponerle mucho arabesco al lenguaje. Entran en un ejercicio de pura forma, utilizando palabras y conceptos con el propósito de parecer distinto y superior, olvidando que la gente sólo acepta aquello que entiende. Lo que no se entiende puede agradar y ser admitido como puro entretenimiento, pero ni se acepta ni se encaja en las conveniencias o en los hábitos de vida.

La pura forma arranca aplausos perecederos de las manos, pero difícilmente de las neuronas.

Principio 57

Cuanto más limitado es un jefe, más limita a su equipo la posibilidad de pensar

Un freno siempre detiene. Y al igual que en cualquier organización humana existen jefes-adelante y también existen jefes-freno.

Un jefe-freno es un ente orgánico absurdo, obsceno y paralizante, dominado por la convicción —generalmente defensiva— de que la posibilidad de analizar, pensar y proponer debe estar limitada a los que mandan. Su estupidez es tal que es incapaz de alcanzar el degradante nivel de vampiro de neuronas ajenas.

Sus móviles siempre nacen de su propia inseguridad, que muchas veces es la punta del iceberg del temor a dejar al descubierto sus insuficiencias.

Ama su sillón y su galón por encima de todo, y tiene pavor endémico a ser superado por sus subordinados, en lugar de entender que el mejor jefe es el que sabe reunir un gran equipo de cerebros y estimularlos al máximo.

Este tipo de mandos son raíz y parte de una época vetusta, los inicios de la industrialización, donde el respeto al tótem máquina y al dios sistema eran incuestionables. Para muchos, los «obreros» eran revoltosos a quienes había que doblegar hasta quebrarles la médula del sindicato.

Hoy, el 99 por ciento de la tecnología no tiene más límite que el de las ideas y, en determinados sectores, el de los recursos. Precisamente por eso, el progreso en todos los ámbitos de la ciencia y de los utensilios es tan desbordante que incluso ya ha perdido la capacidad de sorprendernos.

A cada nivel de recursos, una empresa es tan poderosa como el nivel de su capacidad para imaginar e implementar ideas que supongan beneficios reales y/o emocionales para sus clientes. Los jefes de la época de la máquina de vapor ennegrecen y contaminan el paisaje de las mejores empresas.

En el siglo XXI hay que entender que no existe personal más gratificado que aquel al que, desde una profunda honestidad, se le ofrece la posibilidad de utilizar a fondo su cerebro.

En cualquier estructura productiva, a los cerebros no hay que ponerles más límites que la rentabilidad de sus ideas.

Principio 58

De los errores no sólo hay que aprender: hay que ganar

En la constante y eterna dualidad de todo lo que existe, el error es el negativo y desprestigiado reverso de lo que a todos nos obsesiona alcanzar: el acierto.

Precisamente por esto, cuando el error aparece a menudo tratamos de ignorarlo e incluso encubrirlo. Desgraciadamente, y a pesar de su carácter antropológico y por tanto inevitable, no existe una cultura de cómo afrontarlo. Y los primeros auxilios acostumbran a llegar acompañados de la sirena del desprestigio que señala a quien lo ha cometido.

En cualquier organización, sustituir la pieza que no funciona y recomponerla o cambiarla por otra nueva es inevitable. Cuando se hace, se consigue lo perentorio: que el sistema recupere su ritmo habitual.

Un estadio intelectual superior es analizar por qué se erró y tratar de mejorar la pieza que falló. Ya no se trata de sustituir y reemplazar, sino de mejorar: por qué se falló y cómo hay que proceder para que no vuelva a ocurrir. Es lo que se entiende como aprender de los errores.

Pero se puede hacer muchísimo más.

Dado que el error es parte intrínseca de la naturaleza humana, en toda organización es necesario implementar el discurso y la consciencia de que, desde el ético sentido de la responsabilidad individual, el error siempre puede producirse. Y una vez asumida esta realidad, crear una cultura de detección instantánea, superación y triunfo sobre él. No se trata de reponer: se trata de superar lo que fue problema, entenderlo como una antigualla del pasado y encontrar una solución que deje atrás todo lo conocido.

Afirmo y sostengo que toda empresa que se dedique a superar sus errores de forma inmediata, sistemática, pragmática e imaginativa, está en el camino de convertirse en un líder de su sector. Es necesario soñar, pero demasiadas veces las grandes soluciones acostumbran a tener su germen en los grandes problemas.

Principio 59

Los virreyes incomunicados acaban con los imperios

A pesar de ciertas diferencias físicas, de piel hacia adentro, los seis mil millones que poblamos este planeta partimos de un patrón idéntico: todos pertenecemos a la raza humana.

Lo único que nos hace consustancialmente distintos los unos de los otros es la cultura; todo lo demás son hechos añadidos y, en ocasiones, transitorios en el tiempo.

Las empresas, como fruto exclusivo que son de la voluntad humana, siguen idéntico patrón. Cada una vive su momento y circunstancia, pero, por encima de todo y con independencia de su tamaño, lo que la define es su cultura, que es su manera de entender, afrontar y expandir su doble vida, la interna y la externa.

La cultura, como parte intrínseca de las personas y las empresas, siempre es revisable y mejorable, pero jamás debe ser manipulable al antojo de ejecutivos compulsivos, porque cuando eso sucede surge y se instala el «todo vale», que es la anticultura. En esos casos, las personas y las empresas se desdibujan y sus señas de identidad se limitan a un nombre o a una marca sin atributos de los que asirse con cierta expectativa de solvencia. Es el anarquismo, ese bullicioso sueño del que siempre se despierta con el colchón agujereado.

A veces, en empresas con una implantación geográfica extensa y por circunstancias concretas de un determinado mercado, algunos directivos plantean la necesidad de actuar a nivel local de manera distinta a la habitual; en definitiva, para conseguir sus objetivos puntuales tratan de alterar la cultura de la empresa o la marca.

En un mundo cada vez más globalizado no sólo a nivel mundial sino también local, estos devaneos significan los primeros estertores de su cultura, el principio del fin de la marca. Cuando un traje aprieta, lo sabio es aceptar los mínimos ajustes para sentirse más ágil y cómodo. Cambiar de traje es la vía para acabar en pelotas.

Principio 60

¿Creas o copias?

Un creador es un reinterpretador de sus sueños y percepciones.

El acto creativo es un estallido activado por un don natural que recoge y resume visiones, inquietudes y experiencias que bullen en las propias neuronas.

La creación aislada de todo contexto es imposible: el cerebro es una esponja que sólo escupe líquido cuando previamente lo ha absorbido; mientras este proceso no existe, el cerebro es una esponja seca.

Eso significa algo tan simple como que, para ser creativo, lo primero que se necesita es querer serlo, una actitud que, aún pareciendo elemental, muchas personas rechazan para sí mismas. «Yo no soy creativo» es una frase habitual en algunos, que de esta manera castran una facultad que todos sin excepción tenemos, porque en mayor o menor medida es congénita en los humanos.

El cerebro-esponja se carga de creatividad gracias a la observación y a la inquietud apasionada, que son los dos grandes absorbentes ingenuos y espontáneos, y también con el estudio y el análisis, que son dos premeditados fijadores de neuronas. En cualquier caso y sin la menor duda, el creativo no tiene por qué ser o evidenciar que es un personaje docto, cultivado y estudioso. El creativo es, por principio y ante todo, un inquieto abierto a la vida, un cerebro excitado por la transformación de lo existente. Su pértiga es la libertad, y su fosa cualquier forma de fascismo y exclusión. La creatividad siempre comporta la asunción de riesgo.

En el extremo opuesto de la diáspora cerebral están los que se autoexcluyen de la creación —insisto, siempre voluntariamente— para conducir sus actos desde la copia o la imitación. Por esa misma antítesis, su vector dominante es la exclusión de cualquier riesgo.

Extendernos en hablar de quienes adoptan esta actitud, cuando la intención de estas páginas es estimular la propia creatividad, transformaría esta obra en un auténtico librocidio, que en terminología más cotidiana podría entenderse como «manual de estímulo de la autodestrucción a través de la palabra impresa».

Quizá lo máximo que quepa decir de los copiones e imitadores compulsivos es que, para el desarrollo del mundo, representan tan poco que son incapaces de representarse a sí mismos.

Principio 61

Las marcas, por encima de todo, deben ser fortalezas

Quienes tienen la responsabilidad de conducir el destino de una marca, mentalmente se mueven en un amplio espectro de actitudes que oscila entre dos extremos: vivir para ella o vivir de ella. Es lo que marca la diferencia entre «servir a» o «servirse de».

En los últimos años, la esencia de muchas marcas está quedando contaminada y tocada por el nuevo vendaval que hoy remueve las entrañas de las empresas: el dominio absoluto, distante y gélido de las finanzas, aderezadas con un surtido suficiente de técnicas de marketing que mueva y justifique la inversión de capital dinerario. Cada día hay más marcas conducidas desde su cima con unas orejeras que concentran la visión en los resultados financieros del próximo trimestre. La consecuencia siempre es la misma: cada vez es más difícil encontrar cuadros directivos que aman realmente a su empresa, entendiendo por «amar» un concepto de entrega vital para desarrollar el corto, el medio y el largo plazo. La vida de las marcas se está convirtiendo en una interminable sucesión de endogámicas brevedades.

Esta actitud interna, pero que con el tiempo siempre acaba transpirando en el mercado, está muy alejada de aquello que realmente buscan quienes hacen posible la existencia de toda empresa: la satisfacción, repetición y recomendación de sus clientes.

En un mundo con marcas cada vez más manteadas, sólo pervivirán y crecerán aquellas que, desde su origen, sean concebidas como las grandes fortalezas.

Empecemos por los cimientos: una marca-fortaleza nace como un acto de convicción, jamás como consecuencia de una rasante especulación.

Hay que blindarla, lo que significa una obsesión inexpugnable por situarla en el punto más alto de su mercado, allí donde sus enemigos difícilmente lograrán escalar.

Hay que singularizarla, para que todos vean en sus formas y expresiones un conjunto inalterablemente único, memorable y deseable.

Hay que prestigiarla, porque de esta manera potencia la confianza de quienes entran en ella —sus clientes—, al tiempo que reafirma su decisión ante los demás.

Hay que conservarla: tenerla impecablemente actualizada, pero sin perder jamás su esencia y carácter. Las grandes marcas se extienden como los árboles, no como los fuegos de artificio.

Y al igual que todo lo que deseamos conservar y que jamás se desvanezca, hay que amarla.

Principio 62

¿Odias la publicidad? El día que tengas algo que vender lo desearás como el aire

El 4 de marzo de 1974, en los estertores del régimen franquista, apareció en España la revista humorística *Por Favor*, una escisión de otra revista, *Hermano Lobo*, a la que se habían sumado muchos colaboradores del mítico semanario *La Codorniz*.

La salida fue espectacular. Colaboraban Maruja Torres, Máximo, Amando de Miguel, Juan Marsé, Fernando Sabater, Josep Ramoneda... y también Perich, Forges y Vázquez Montalbán, los tres últimos con un plus adicional: además participaban en calidad de socios junto a José Ilario, quien dos años después sería el creador de *Interviú*, la publicación matriz del Grupo Z de Antonio Asensio.

Todos ellos pusieron los huevos de aquella fantástica revista, pero la gallina que los incubó con el calor de su capital fue quien esto escribe y mis tres socios de la que, según algunos, fue la agencia-mito de la explosión de la creatividad publicitaria en España. Me estoy refiriendo a MMLB y a Marçal Moliné, Miguel Montfort y Eddy Borsten.

Recuerdo con absoluta nitidez las reuniones previas al lanzamiento: alrededor de una democrática mesa redonda, los cuatro MMLB, sumados a Hilario, Perich y Vázquez Montalbán (Forges faltó a bastantes porque vivía en Madrid y siempre se excusaba).

Un servidor, con mis 28 añitos y mis ahorrillos en juego, estaba más que impresionado al verme rodeado de aquellas mentes tan adultas, solventes y lúcidas... con un mínimo reparo: Vázquez Montalbán, como buen izquierdista teórico que era, siempre que podía arremetía públicamente contra la publicidad como cúspide de mal de males de una sociedad insensata y perdida, lo cual me jodía porque en ese aspecto concreto mis neuronas estaban en las antípodas de las suyas.

Pero mi impresión se desvaneció el día que se trató el plan de lanzamiento de la revista y la publicidad que lo acompañaría.

Haríamos anuncios en prensa, en la radio, algunos carteles...

—¿Y televisión? ¿No vamos a emitir spots en televisión? —reclamó Vázquez Montalbán con sibilino tono neocapitalista.

—Es mucho dinero —le contesté—. No podemos.

—Pues esto no es un buen lanzamiento —me respondió con gravidez de martillo y hoz—. Para vender, hay que anunciarse en televisión.

Principio 63

¿Te has preguntado exactamente para qué inviertes en publicidad?

Si vendes algo, y después de intentar colocarlo a tu familia, amigos, vecinos, conocidos y amigos de tus conocidos, llega el día en que sientes que puedes o necesitas seguir vendiéndolo a quien sea, irremediablemente te ha llegado el momento que debes pensar en anunciarte, en hacer publicidad.

Es un principio ingenuo, pero tremendamente válido. Desde Procter & Gamble hasta Sony, pasando por El Corte Inglés, Henkel o Benetton, todas las que hoy son grandes corporaciones mundiales de origen personal o familiar empezaron así. Cuando decidieron ir a más y sintieron que su limitado entorno personal o geográfico se les había quedado corto, recurrieron al gran cornetín despertador de la atención: se anunciaron.

Salvo excepciones excepcionales, dignas de análisis y ovación y que crecieron gracias a una red de distribución propia y exclusiva (es otra forma inteligente de comunicar in situ, como es el caso de Zara y hasta hace poco de H&M), cuando analizamos las grandes marcas de consumo masivo observamos que un porcentaje vital de su éxito lo deben a su capacidad por haberse sabido anunciar. Sin publicidad, jamás habrían llegado donde hoy están.

Su primer movimiento mental siempre es el mismo: «Hay que anunciarse con un estilo que refleje cómo nos conviene ser vistos, con el fin de ser más conocidos y vender más.»

Con los años, los crecimientos en ventas, equipos y recursos hacen que, en ocasiones, este maravilloso primer movimiento se complique, retuerza, sofistique y al final se degrade.

En la ingenuidad activa de los inteligentes muchas veces se encuentra el embrión de la creatividad más innovadora. Por lo que fuere, sus circunstancias personales no facilitaron que hubieran crecido los límites y las barreras invisibles que la desgastante cotidianidad siempre eleva sobre los horizontes más nítidos.

En los grandes triunfadores con continuidad siempre hay un poso de latente ingenuidad que, suceda lo que suceda, jamás los aparta de la simplificación que los hizo grandes.

Si removemos el baúl de sus recuerdos hasta dar con la fórmula original sobre la que construyeron su imagen, nos encontraremos que hoy, ya gigantes, siguen utilizando la misma que en sus orígenes: «Hay que anunciarse con un estilo que refleje cómo nos conviene ser vistos, para ser más conocidos y vender más.»

Principio 64

El marketing es un sistema; la publicidad, un arte

El mejor plan de marketing es aquel que sirve para moverse con agilidad y solvencia en el mercado con un solo fin: dominarlo. Todo lo que no se contemple desde esta óptica es pérdida de tiempo y malversación de inversiones en multitud de gastos estúpidos y sin sentido.

Cuando existe una descarada actitud de victoria, el conocimiento del mercado pasa a ser materia fundamental: un buen director de marketing debe hacer con su marca lo que un *sherpa* (guía) del Everest con su cliente-escalador: conducirlo a la cima.

En la escalada, siempre dura, fría y resbaladiza, se encontrarán clientes potenciales helados, distribuidores agrietados, aludes dinamitados por la competencia. Pero al buen *sherpa* esto no le importa: conoce y transpira montaña, al igual que la mejor gente de marketing respira y exhala, en cada uno de sus movimientos, conocimiento, intuición y hambre de mercado. Escalar montañas o mercados, para los mejores acaba siendo un conjunto de pasos sublimes dados con habilidad y precisión. Al final, todo acaba convirtiéndose en un sistema.

Sin embargo, cuando llega el momento de encargar y decidir la publicidad, la actividad que va a significar nada menos que la imagen y la voz pública de la marca y su gran instrumento para seducir y convencer masivamente, las decisiones jamás pueden tomarse con los mismos parámetros mentales que nos han servido para la escalada.

Seducir para convencer es un auténtico arte, y como tal está construido de matices, sorpresas y golpes bajos a las neuronas del receptor. El gran arte siempre produce sorpresa, tensión y emoción. Orada y graba el cerebro. Conmueve y mueve a la acción. Y es exactamente y sólo así como funciona la mejor publicidad.

Las grandes marcas mundiales que he ayudado a construir las he podido hacer codo con codo con directores de marketing que, ante una determinada propuesta de estilo publicitario, olvidaron los sistemas, aparcaron las investigaciones y congelaron los temores. Por unos minutos se convirtieron en auténticos compradores de un arte hecho para seducir y convencer. Sabían encontrar, en el fondo de su mochila de forjados escaladores, sus reservas de grandes seductores con la imagen y la palabra.

Los muchos que no lo consiguen es porque este alimento ni lo conocen ni entienden y, por supuesto, no lo respetan.

Principio 65

La comunicación es el arte de hacerse entender

La comunicación abierta, masiva y multidireccional es un hecho relativamente nuevo que siempre va unido a las democracias solventes. Todavía hoy, en muchos lugares del mundo con parodias democráticas o regímenes políticos cerrados, la comunicación cuando es del propio régimen, se impone, y cuando es ajena se limita, controla y censura.

Algo tan lógico y natural como es poder expresarse y comunicarse con libertad, triste y asquerosamente todavía sigue siendo un hecho condicionado por la situación política de cada entorno.

¿Cuál es la lectura profunda y a la vez obvia de esta situación? Muy fácil: la comunicación abierta es un auténtico poder de transmisión de información, creación de criterio y estímulo para la acción.

Desde la libertad, Información-Criterio-Acción es la tríada que alimenta y conduce múltiples caminos mentales, cuyos extremos por un lado fomentan la paz estable y por otro estimulan la inquietud rebelde.

La principal razón de la importancia, e incluso en ocasiones trascendencia que han adquirido los hoy denominados «grandes comunicadores sociales», se basa en su poder de conducir y orientar la conformación del criterio de sus audiencias para, llegado el momento, llevarlas a creer, adquirir, votar, colaborar o sumarse a lo que en cada caso se tercie.

En una sociedad donde todo se compra y todo está en venta, la buena comunicación es la llave para comprar lo más trascendente que existe: los cerebros. Es por esto que a los grandes comunicadores en realidad se les debería llamar grandes convencedores. La comunicación es su munición, y sus presas, los cerebros.

Ser un buen comunicador, en teoría es lo más fácil del mundo: con indiferencia de lo que a ti más te guste, para que te entiendan siempre debes ponerte al mismo nivel y sintonía de onda que tu interlocutor. Si él o ellos son excelsos, ve de excelso; si van de refinados, tu ídem; si de concretos, rasantes y sin rodeos, tú a por las tres. Sólo así es como se establece el contacto: por ósmosis de calidad, no de cantidad.

Si además tienes un cierto dominio de la situación concreta en la que tienes que convencer, o si a priori se te atribuye un prestigio sobre el tema, para que triunfes no hay nada mejor que el bajarte un escalón cerebral respecto al que entiendes que deben tener tus oyentes.

Por abajo, puedes arrasar; por arriba sobrevolarás, que es cuando las palabras pasan silbando por encima de los cerebros.

Principio 66

De vez en cuando hay que preguntarse... ¿cómo vamos de credibilidad?

Todo lo que hacemos con la intención de producir un efecto en otro, sólo se consigue en la medida en que el otro se lo crea.

Sin credibilidad, lo que intentamos es recibido y decodificado por nuestros receptores dentro de una amplia gama de matices, que van del divertimento desternillante al desprecio vomitivo.

En la práctica, todo objeto o utensilio que compramos oficialmente, es decir, pagando el correspondiente IVA, está garantizado por ley: a cambio de nuestro dinero, durante un plazo de tiempo prefijado debe funcionar. La garantía sólo existe para reforzar la confianza del consumidor.

¿Y respecto a nosotros mismos, a todo lo que hacemos, decimos y proyectamos? O bien y también... ¿respecto a nuestra empresa y a todo lo que ofrece y proyecta? ¿Sabemos si somos creídos o si simplemente somos oídos?

La credibilidad es fundamental porque significa que lo que emanamos hacia el exterior, a nuestros receptores les llega garantizado. La credibilidad es nuestra garantía de aceptación. Y al igual que sucede con las marcas, no es una garantía eterna: siempre tiene fecha de caducidad. Pero en cualquier caso, a corto o medio plazo sirve para conseguir algo: no hay futuros que crezcan solos, todos hay que regarlos y cuidarlos.

Tener un solvente sentido del nivel de nuestra credibilidad, ya sea como personas, empresa o institución, es determinante para la solidez y continuidad de nuestro caminar.

A nivel personal, la solidez se mide por la cantidad y calidad de los acuerdos y fiascos que nos acompañan en nuestro constante deambular biológico.

A nivel empresarial ocurre exactamente lo mismo, aunque curiosamente, para los institutos de investigación dedicados a escanear las entretelas y entresijos de sus clientes-empresa la medición de los niveles de credibilidad que el mercado otorga es una de sus asignaturas pendientes. ¿Será que no lo hacen porque en ocasiones tendrían que explicar que el principal factor de falta de credibilidad lo constituye la imagen que proyectan sus propios directivos?

Principio 67

No siempre gana el más fuerte. En el mercado, el acierto y el éxito tienen barra libre

Para quienes tienen ambición y aún no han logrado el éxito, la gran pregunta que sin la menor duda se deben estar haciendo es si queda espacio para ellos.

Y la gran respuesta es: ¡SÍ, LO HAY!

Para conseguirlo, lo primero es ser muy realistas y aceptar que, si bien todos y sin excepción buscamos el éxito y huimos del error, el éxito es una posición restrictiva y limitada, mientras que el error es patrimonio de la humanidad.

«El éxito llama al éxito» es una sentencia relativamente cierta, porque se sirve de palancas tan efectivas como la fama, el prestigio, las influencias y el poder económico anteriormente acumulado.

Sin embargo, para los nuevos luchadores en trance de despegue, ese principio en absoluto debe causarles desánimo, sino todo lo contrario: basta recordar que todos los que en cualquier sector hoy son grandes triunfadores, un buen día partieron de un cero absoluto, con excepción de algunos hijos de papá o nietos de abuelo que, con sus actos, demostraron suficiente capacidad neuronal para superar a sus antepasados.

Aunque a veces cueste creerlo, los genios por nacer y hacer juegan con ventaja. En las grandes corporaciones, el terror al error hace que inviertan a manos llenas para dar con fórmulas que les sirvan para esquivar el fracaso. A cualquier precio buscan airbags para no fenecer en su cada vez más incierto acontecer, mientras acostumbran olvidar que el gran éxito de la innovación pura y dura donde mejor germina es en los desarraigados obcecados, en los talentos libres de organigrama y compromiso, en el elevado, puro e incisivo vuelo de la libertad sin comisarios políticos del puto beneficio trimestral. Son todos esos pura raza que a mí me gusta denominar «osados cerebrados».

El talento innovador que hace posible la imbatible fórmula «riqueza privada = beneficio social», en las economías libres y por tanto democráticas, afortunadamente siempre tendrá su oportunidad. Con todas las críticas que se quiera y mejoras que se propongan, ésta es la única fórmula que ha hecho posible lo mejor, más sólido y sensato del desarrollo estable de la humanidad.

Pocas cosas hay más excitantes que vivir y convivir en una sociedad donde el talento siempre tenga barra libre.

Cualquiera que sea la posición de salida en la carrera diaria de la vida, lo más trascendente y que al final cuenta es la actitud. Sin voluntad de triunfo eres un esperma sin cola: tienes toda la capacidad de engendrar, pero alguien te tiene que empujar. Los futuros triunfadores siempre son espermas al completo.

Principio 68

Avanzar es la mejor forma de no retroceder

La vida es apacible hasta que intervienen los humanos. Cuando esto ocurre, junto a las alegrías empiezan los desacuerdos, desajustes y desconciertos. Es comprensible, porque el cerebro es tan complejo y potente que es difícil lograr una simetría perfecta de pensamiento y actitud con otro u otros cerebros. Cuando estos acuerdos se dan, y dependiendo de con quien o quienes se logra la conexión, surge el amor inquebrantable, el equipo imparable o el país imbatible.

Si no hubiera retrocesos, siempre alcanzaríamos todos nuestros propósitos. Pero a pesar de que los zapatos siempre tengan la punta hacia adelante, hasta la biografía más exitosa conoce lo que en determinados momentos es retroceder. Estar atentos a la equivocación y al despiste propio y ajeno, a la trampa y el codazo, a la envidia y la desidia, al exceso de ingenuidad y de maldad, a la textura y la coyuntura, son signos de inteligencia que evitan o minimizan el error, ese traspiés omnipresente siempre presto a zancadillear cuanto nos propongamos.

Para avanzar con solvencia, junto a la voluntad para alcanzar, es imprescindible la vigilancia sobre los problemas y las circunstancias que hacen retroceder. Es la doble energía de los triunfadores, aquella que les hace otear y olfatear constantemente el futuro camino mientras controlan los despeñaderos de la ruta, esos descalabros potenciales que más peligrosos son cuando mayor es la velocidad y altura con que se discurre.

De no producirse ese binomio intelectual, la historia nos muestra, en cualquier sector y actividad, páginas rebosantes de éxitos transitorios finiquitados en el foso de los grandes fracasos, porque los coches más rápidos son los que necesitan los mejores frenos.

Para avanzar hay que estructurarse para avanzar. Hay que ser conscientes de que se debe dedicar talento, recursos y tiempo a defenderse, pero tratando de que el grueso de nuestra inversión intelectual e instrumental se vuelque en el desarrollo y el progreso.

El error, primero siempre nos tiene que preocupar, inmediatamente después nos tiene que ocupar, pero jamás nos debe deprimir.

El acierto, primero siempre nos debe excitar, inmediatamente después nos tiene que ocupar, pero jamás nos debe relajar.

Principio 69

Para «ser» hay que contar consigo mismo. Para «existir» hay que contar con los demás

Los pensamientos son los sedimentos del cerebro, los fundamentos de toda nuestra cultura acumulada.

Cuando escarbamos en nosotros mismos fuera, en un ejercicio sin presiones ni distorsiones externas a través del aislamiento, la meditación, la no intervención de nada ni nadie, nuestros pensamientos se nos muestran en su estado más puro. Son nuestras intransferibles huellas de identidad, aquellas que definen nuestro auténtico «ser».

Pero cuando del «ser» pasamos al necesario «existir», que es ese permanente ejercicio de flotación y supervivencia entre aguas y corrientes ajenas, en mayor o menor medida nuestros pensamientos siempre quedan condicionados por una mezcla de hechos que Ortega y Gasset definió como «la circunstancia» y que a mi entender viene definida por tres hechos: nuestra fuerza real o atribuida, el escenario y el momento.

Ante cada situación, uno tiene y otros le atribuyen una fuerza determinada. Es la oscilación de esta fuerza lo que permite actuar de manera más rígida o dúctil con el propio «ser». Cuanta más fuerza propia y atribuida reunimos, más libertad tenemos para ser, conseguir e incluso imponer: somos dominadores. Cuando ni la tenemos ni se nos atribuye, nos convertimos en dominados. La fuerza es el primer hecho que reafirma o desvía la dirección de nuestros pensamientos.

Pasemos ahora al escenario.

Todos vivimos permanentemente envueltos por escenarios siempre cambiantes por los que, como actores de vida que somos, transitamos y actuamos. En unos estamos porque fuimos a buscarlos; en otros, porque el azar o la necesidad nos condujeron. Cuanta más actividad y libertad existe en el ambiente, más amplia y variada es la lista de escenarios por los que podemos movernos: los de las creencias, los laborales, los del ocio, los de los sentimientos e incluso los de la expresión de los instintos. A la inversa, cuanta menos libertad y actividad, más limitado es el número de escenarios.

El tercer factor es el momento: el nuestro y el ambiental del escenario donde actuamos. Lo que hoy puede no ser entendido, pasado un tiempo puede ser lo más apreciado. O a la inversa. El factor «momento» es trascendental en cualquier relación: personal, empresarial o política. Depende de los actores con quienes deberemos coordinar nuestra interpretación y, por supuesto, también de «su momento». El encuentro o desencuentro entre «el momento» de los interlocutores es lo que en las relaciones humanas se define como «el interés».

Si en política y en los negocios saber actuar en el momento preciso significa, como mínimo, el 51 por ciento del éxito, en lo personal ocurre lo mismo.

Es muy difícil que nuestros pensamientos no queden influidos o mediatizados por la fuerza-espacio-escenario en el que físicamente nos encontramos. Es por eso que uno de los motivos determinantes de la potenciación del intelecto y su encauce hacia el éxito radica en estar activos cerebralmente en aquellos lugares y momentos donde la energía y la libertad bullen y contagian. Hay países, ciudades y momentos que potencian, y hay otros que detienen y lastran.

Si Picasso se hubiera quedado en su maravillosa Málaga natal, en el mejor de los casos hoy sería un interesante pintor local que se llamó Pablo Ruiz.

Principio 70

La libertad crea expansión. Las limitaciones larvan mezquindad

Para bien o para mal, el entorno siempre condiciona, e incluso a veces puede llegar a alterar de forma sustancial nuestra vida.

Por eso es tan importante tener una serena y permanente conciencia de la temperatura del ambiente que nos rodea. Aplicarle de forma habitual el termómetro del análisis para saber y concluir si aquel clima coincide con el de nuestro cerebro.

Hay entornos que estimulan y otros que frenan; unos en los que mucha gente sueña por ser, y otros donde se duermen en lo que han sido; unos que apuestan por lo nuevo y otros que se encadenan a lo trillado. En unos domina la libertad y en otros la limitación.

Cuando está en fase expansiva, nuestro cerebro no puede permitirse la miseria de aceptar limitaciones. Simplemente, porque éstas siempre son ataduras y tabiques impuestos por la tradición, el temor a perder influencia y poder por parte de los establecidos dominantes o, simplemente, por la viscosa y apática abulia que frena cualquier cambio sobre lo que ya existe. La comodidad siempre es un ancla para la vitalidad.

A quienes tienen su cerebro en ebullición hay

que recordarles que son unos afortunados potenciales, porque su momento coincide con la mayor época de expansión de la humanidad. Jamás hubo tanta gente estudiando y preparándose, tanta calidad y cantidad de tecnología fácilmente accesible, tantos pasaportes en activo para moverse con libertad por el mundo, tanta información que contribuye a que la maldad silenciada vaya siendo, cada vez más, maldad proclamada y denunciada.

Quien quiera cambiar el mundo no puede quedarse en su aldea. Hay que ir donde existe la acción alentada por la ambición y la libertad colectiva. El pensamiento creativo es una semilla con un inmenso potencial para dar frutos. Pero para crecer, necesita ser plantada en una tierra fértil, bien regada y soleada. Los ambientes cerrados, temerosos, excluyentes y represivos sólo producen parálisis, hipercontrol y, con el tiempo, mezquindad: la económica y la intelectual.

Nuestros frutos siempre vienen condicionados por el lugar donde germinan nuestros pensamientos.

Principio 71

El esfuerzo para obtener resultados es directamente proporcional a la madurez del mercado en que se compite

En los mercados tiernos, falta de todo; en los maduros, sobra de todo.

En una carrera en la que no persigues ni te persigue nadie, conseguir el éxito es fácil: a no ser que te guste mucho dormir, seguro que algún día llegarás. Pero en una carrera con exceso de oferta, repleta de participantes, codazos y zancadillas, el triunfo se dirime por otra regla: hay que dar y parecer más que los demás.

La famosa frase del barón de Coubertin de que lo importante no es ganar sino participar, es maravillosa para el amateurismo, pero no sirve si lo que está en juego es la cruda subsistencia. Cuando las cosas son difíciles y el resultado dirime existir con dignidad o bien desaparecer, no basta con pensar sólo en participar: son imprescindibles la actitud y los instrumentos competitivos para ganar, una forma de entender la vida que a los campeones potenciales les excita y a los conformistas de pelotón les aturde.

Competir es una palabra mágica y fértil. Es mágica porque en ella se encierra toda la adrenalina cerebral que ha alentado y seguirá alentando el desarrollo del mundo, unas veces compitiendo consigo mismo, otras tratando de superar a los demás. Y es fértil porque está amamantada por la libertad, ese bien que promueve que los humanos puedan desarrollarse y crecer por sí mismos y ser premiados por sus logros.

Es cierto que en los momentos más difíciles de un mercado, todo el esfuerzo que se hace remando para avanzar, en ocasiones nos parece un trabajo inmenso y baldío: a veces pensamos que es como remar en el fango.

Cuando esto ocurre, conviene recordar dos cosas. La primera es que a la mayoría de tus competidores les está ocurriendo exactamente lo mismo. La segunda es que si alguno tiene mucha más fuerza que tú, sólo lo podrás superar con tu ingenio, sagacidad y tesón para lograr un solo fin: que tus clientes crean y sientan que están recibiendo de ti y de tu marca mucho más de lo que reciben de cualquier competidor.

Principio 72

Sin personalidad eres una mosca

Considerados como masa, y dependiendo de la raza, nacionalidad, localidad, adicción y afición, todos llevamos adheridos unos atributos positivos, negativos o inertes de los que en demasiadas ocasiones no es fácil desprenderse. La masa siempre es una caricatura gris matizada por la circunstancia de quien la analiza.

Considerados individualmente, la cosa cambia. Sin adentrarnos en los fascinantes laberintos del cerebro (porque éste no es un tratado de psicoanálisis), las ideas, expresiones, actitudes y formas que emanamos hacia el exterior nos confieren trazo, grosor y color propio. Nos diferenciamos de la masa porque vivimos marcando y evidenciando nuestro propio estilo, ese conjunto de rasgos que hace años, y referido a las marcas, definí como «la personalidad pública», y que hoy, sin la menor duda, creo que puede hacerse extensivo a los individuos.

La personalidad, unida al interés y al beneficio, cuando es positiva es un gran pegamento del contacto humano, mientras que desde la negatividad es un gran repelente de la aceptación y de la posible relación.

Una personalidad percibida como positiva crea admiración, atracción y simpatía. Al igual que existen líquidos para eliminar la herrumbre de los metales, el estilo exterior es el fluido que abre las neuronas ajenas para acogernos en su cerebro.

Cuando superamos el círculo de nuestras relaciones marcadas por la sangre y el sentimiento y entramos en el infinito número de círculos que configuran la convivencia humana, todos somos marcas. Nuestro nombre y apellido es nuestro registro, y sólo se nos acepta y adquiere o se nos rechaza e ignora dependiendo de la suma/resta del interés, beneficio y personalidad que nosotros emanamos y los demás perciben.

Sin personalidad, todo vuelo, presencia y contacto al final siempre resulta intrascendente e incluso molesto. Sin personalidad somos moscas.

Principio 73

Cada uno es la dirección que toman sus pensamientos

La base de la libertad es que cada uno pueda conducir cómo y hacia donde quiera, siempre que no abolle los vehículos de los demás.

La libertad parte de la fe y la confianza absoluta en la capacidad de pensar, planear y hacer del individuo, sin otra limitación que la ética del respeto hacia los demás. En sus antípodas se encuentran los regímenes ultraintervencionistas, en los que al individuo se le anula la voluntad propia para ser deglutido por un macroengranaje que dirige, premia y castiga sin apelación.

En una concepción de vida presidida por la libertad de elegir, la responsabilidad de todos nuestros actos sólo recae en nosotros mismos. Las excusas y aguas tibias de los fracasos propios atribuidos a otros pueden ser cataplasmas para no mortificarse, pero jamás espejismos para justificarse.

Con los lógicos riesgos, incógnitas y dificultades que acompañan a todo nuevo camino, la libertad significa poder optar para elegir el destino, la ruta, las etapas y el estilo. La libertad potencia al individuo porque, por principio, se fía y confía en él. A cambio, los posibles beneficios —y también, por supuesto, los posibles fracasos— serán esencialmente suyos.

La dirección que elijamos será la ruta de nuestra vida. Como siempre, el azar y la tradición pueden llegar a formar parte de nuestra elección: un contacto o una influencia inesperada, o tal vez la actividad ejercida por padres o parientes próximos, pueden influir decisivamente en la elección de nuestro futuro. Son «contactos» que, al tiempo que no hay que rechazar, tampoco podemos permitir que nos dominen y arrastren en nuestra determinación. La decisión de orientar la vida es demasiado importante para dejar que la conduzcan vientos que no sean los propios y timones que se escapen de nuestras manos.

La meditación profunda, así como la desapasionada suma de las posibles ventajas que nos aguardan y la resta de los posibles inconvenientes que encontraremos, es esencial para enfocar nuestro objetivo.

Pero por encima de todo, lo que debe determinar la decisión final debe ser la ilusión.

No podemos casarnos con una actividad concreta si no sentimos en nuestras entrañas cerebrales una potente y responsable ilusión por ser, conseguir y triunfar. La ilusión es el combustible de la pasión profesional. Sin ella, con los años pasaremos a engrosar la masa de los inapetentes frígidos laborales. Nuestra vida posiblemente caminará, pero jamás sabremos lo que es pegar grandes brincos ni dar sorprendentes saltos.

Principio 74

La vida es lucha. Si no te sientes luchador, considera el apearte

Mal bombero es aquel que le hace ascos al humo y huye de sus efluvios. Mal obispo es el que reniega de los no creyentes y se limita a condenarlos. Mal vendedor es el que maldice a la madre de sus clientes agnósticos y no lucha para hacérselos suyos.

Cualquier actividad humana, desde la más global y poderosa hasta la más modesta e hiperconcreta, está enmarcada por dos circunstancias.

Una es la que afecta y define de forma directa y en ocasiones exclusiva a la propia actividad, como en los casos dichos sería apagar fuegos, conseguir y fidelizar creyentes o vender a indecisos. Tratar de esquivar tu deber, discutirlo o incluso no comprenderlo te convierte en un impresentable y lastimoso profesional.

La otra viene enmarcada por el momento histórico, siempre en permanente evolución. Las vibraciones ambientales de cada espacio geográfico y los grandes tsunamis políticos y culturales que han ido construyendo y destruyendo civilizaciones, afectan de forma determinante a muchísimas actividades. Dependiendo del lugar, la cultura y el momento, un obispo puede ser un honorable iluminado o un paria a perseguir, un vendedor puede ser la estrella de una empresa o un feto burgués capitalista, ser demócrata puede entenderse como prestigio o desquicio. Incluso en algo mucho más terrenal como son las papilas gustativas, un cerdito lechón puede ser refinamiento exquisito o causa de vómito gastrorreligioso. (De este supersintético, aunque universal análisis, sólo los que aportan soluciones concretas a problemas no ideológicos, como, por ejemplo, los bomberos y los médicos, son de los pocos que siempre se salvan.)

Pero ahora vamos a ser optimistas, que es la gran energía para ser, hacer y conseguir. Tenemos solvente conciencia de que nuestra actividad, la que sea, es aceptable e incluso aceptada. En este momento tiene un notable o cierto prestigio social; de no ser así, como mínimo se la reconoce como necesaria. Y como en todo trabajo, tiene competencia.

Si estás en la pista, te guste o no tienes que correr. Unos desempeñarán posiciones de liderazgo; otros darán incesantes vueltas en la pista cerrada y alcanzarán el podio de las imprescindibles y dignísimas clases medias.

Cualquiera que sea tu posición, en la carrera de la vida no te vas a poder parar. No es injusto: es la condición. Y si lo intentas, ni siquiera hace falta que te preocupes por irte; es el propio sistema el que a las pocas vueltas te acabará expulsando.

P.D.- Siempre habrá quienes, hartos de competir, desearán escapar del griterío del estadio y observar el tiempo desde la serenidad que dan los relojes sin agujas.

Cuando esto se cruza por la cabeza (tarde o temprano, siempre ocurre), para hacerlo realidad es imprescindible tener los dos ojos bien abiertos: el derecho para estar concienciados a entender, paladear y saborear lo nimio de la vida; el izquierdo para controlar que en el frigorífico siempre haya los recursos suficientes que nos puedan mantener dignamente hasta que la vida se nos separe.

Principio 75

Sólo nacer, toda idea novedosa es candidata a cadáver

Una idea es el nacimiento de un manantial. Un determinado cerebro genera una corriente íntima, un cúmulo de nueva vida y energía, en ocasiones en compañía de otros cerebros.

Después, algunos quieren convertir ese manantial en utilidad. Y para hacerlo posible entienden que primero es necesario que brote el líquido, y después, encauzarlo. De no ser así, será una riqueza encerrada en una gruta sin salida, y si ve la luz se convertirá en un charco sin la menor trascendencia.

La gloria de los seis mil millones de cerebros que hoy convivimos en este planeta es nuestra capacidad para generar ideas. Y la lacra es que faltan cauces para convertirlas en realidad.

Sobran ideas y faltan cauces.

En pleno siglo XXI, es repulsivamente inquietante ver cómo culturas, ideologías políticas, gobernantes, líderes religiosos, países, educadores, organizaciones, empresas, directivos, familias y padres cada uno a su nivel, guillotinan cualquier intento de imaginar, idear y cambiar lo que existe si no procede de ellos mismos o de su turbio sanedrín de apalancados aprovechados.

Todavía hoy, en excesivas ocasiones el apoyo a la novedad continúa estúpidamente jerarquizado y acotado, en lugar de estar generosamente encauzado como nueva fuente de energía. Aún se entiende como una singularidad ocasional, en lugar de una permanente actitud cultural.

Un NO corre menos riesgos que un SÍ. Un SÍ requiere apertura de mente, masaje de neuronas y la actitud de aceptar escenarios cambiantes y nuevos. Y eso, mientras para los mente-empujantes significa oportunidad, para los mente-durmientes huele a riesgo.

Las escasas épocas en las que unos concretos líderes han sabido abrir y encauzar las energías íntimas de gentes y estructuras han sido las más brillantes de la historia de la humanidad.

Sócrates, Claudio y los Médicis, Roosevelt y Juan XXIII, Bill Gates, Ghandi y Nelson Mandela, son algunos vértices de una inmensa y silenciada legión de humanos que, cabalgando sobre la proa de la paz, han sido conscientes de la inmensa energía que supone liberar y propulsar la imaginación y la iniciativa de quienes les rodearon. Todos ellos nos facilitaron mucho de lo mejor que hoy tenemos.

Sería formidable que, como elemento trascendente de su propia evolución y progreso, cualquier agrupación humana dispusiera de oidores-encauzadores de nuevas iniciativas. En demasiadas estructuras, el propio sistema se convierte en el Drácula de la imaginación: chupa sangre y escupe neuronas. Quienes han sabido darle la vuelta a esta castrante visión, hoy son ejemplos mundiales de la audacia que propulsa rentabilidades.

Si en un plazo corto —¿tres, cuatro años?— fuese posible convertir en realidad todas las ideas que hoy existen en estado latente para mejorar la vida y la convivencia, la humanidad daría el salto evolutivo más gigantesco y espectacular que los más soñadores pudieran llegar a especular.

No hay democratización más provechosa que el hacer realidad los mejores frutos del talento.

Principio 76

Las grandes imágenes impresionan; las grandes palabras presionan

Hay un generalizado y discutible cántico de alabanza al poder de la imagen respecto al de la palabra.

En las últimas décadas la tecnología ha impulsado y potenciado de forma extraordinaria la difusión de la imagen. El color, sea impreso, digitalizado, filmado o emitido, es parte del escenario visual cotidiano, hasta un nivel en el que la reproducción en blanco y negro ya es vista como exquisitez gráfica o miseria presupuestaria.

El aluvión de nuevas tecnologías que han expandido el talento visual no ha tenido un movimiento simétrico con la palabra escrita. Una edición actual de *El Quijote* sigue estando impresa sobre unas hojas blancas encuadernadas y con una tipografía que no difiere excesivamente de la que se usó en la primera edición de 1605. Los magníficos libros de imagen que hoy se editan son auténticas explosiones visuales, mientras las páginas de texto que las acompañan siguen siendo tipografías en negro sobre páginas blancas.

A la vista de todo esto... ¿qué futuro le queda a la palabra? La respuesta es muy sencilla: se trata de analizar cómo las grandes frases penetran en nuestro cerebro y son capaces de alterar, fijar o reafirmar la huella que queda en nuestros circuitos neuronales, y a la vez cómo lo hacen las grandes imágenes que percibimos (aunque en ningún caso me refiero a las visiones vividas personalmente, aquellas que nos quedan grabadas como raíces de nuestro existir).

Una gran imagen es como una ola. A no ser que se trate de una arrasadora imagen tsunami (y de ésas hay poquísimas), cada nueva imagen disminuye o elimina la fuerza de la anterior. Una gran frase que condense un gran concepto es un terremoto para el intelecto: siempre mueve las conciencias, las voluntades e incluso, si viene al caso, las tarjetas de crédito.

Una gran imagen es un brillante ejercicio de formas que recubre la percepción de nuestras neuronas. Es una comunicación expansiva que siempre requiere una interpretación, que puede ser entendida de muy distintas formas dependiendo de la cultura y el momento de cada receptor.

Una gran frase es por sí misma una comunicación cerrada y concreta, a veces una instrucción o incluso una orden, que no da pie a interpretaciones desviadas. Se sustenta en las letras del abecedario, se expresa con una sola voz y se lee impresa a un solo color. La forma de las letras, que hacen el papel de continente, no ocultan sorpresas: todas trabajan en favor del contenido. Por eso la gran frase penetra como una flecha en el núcleo nervioso de nuestras neuronas y las pellizca hasta conducir la conciencia y a veces provocar la acción.

¿Qué imagen podría haber sustituido (insisto, sustituido, no ilustrado) el «llegué, vi, vencí» de Julio César, el «venceremos con sangre, sudor y lágrimas» de Winston Churchill, el «ser o no ser» de William Shakespeare o el «Let it be» de Paul McCartney?

Hace algunos años, un iluminado acuñó la frase «una imagen vale más que mil palabras». Curiosamente, para transmitir su mensaje no encontró mejor forma de hacerlo que con palabras.

Principio 77

El éxito tiene un alto componente etílico: vigila que no te emborrache

Necesaria advertencia: dada la naturaleza de este libro, aquí no se va a tratar del triunfo obtenido por un excelso físico huérfano de química cerebral, del conseguido por herencia de fortuna o estirpe no acrecentadas o del manipulado por periodistas tanto o más cretinos que sus insolventes personajillos, tres ítems que en muchas ocasiones dominan la *pool position* de la actualidad.

Una vez más, nuestro foco se concentrará en el cerebro y los éxitos que de él se desprenden.

Tus neuronas, tus circunstancias y el momento han coincidido: de repente sientes que lo que haces te está saliendo muy bien, puede que incluso excepcional, y percibes un halo de reconocimiento e incluso admiración. Estás entrando en la pasarela iluminada del éxito.

En la medida que tu aportación es vitoreada por los medios de comunicación, la congénita necesidad de admirar de un alto porcentaje de seres humanos se multiplica.

En este escenario cotidiano de los días que es la llanura, tu éxito ha configurado un discreto promontorio, un importante cerro o tal vez un gigantesco Everest. Acabas de dejar de ser plano: tu nombre-marca ondea en una cumbre y destaca más que la de muchos.

A partir de aquí, quieras o no, tu vida es otra, porque tu prominencia provoca, junto a la admiración e incluso devoción de unos, la envidia y muchos conatos de vil aprovechamiento de otros. El éxito es un cocktail que eleva su graduación alcohólica en proporción simétrica a su notoriedad, y precisamente por ello hay que saber digerirlo a sorbos cortos y con mucha serenidad.

El lado pragmático de tu éxito será el reconocimiento, que te abrirá puertas y te facilitará contactos. «No hay nada que atraiga más al éxito que el propio éxito» es un principio que mientras bulle no queda bien cuestionarlo, y quienes lo hacen, fácilmente son etiquetados de miserables envidiosos.

El lado escabroso serán los halagos interesados que vas a recibir de muchos para conseguir tu interés y tus favores, además del incienso envenenado que algunos expelen mientras ocultan la invisible bala de odio en la enfermiza recámara de sus fracasos no asumidos.

Por todo ello, quienes alcanzan cualquier nivel de éxito deben entender que contraen una nueva obligación: la de comprometerse con su decente y responsable administración.

La sencillez pública, entendida como proximidad, simpatía y afectuosidad, multiplica la admiración. El creerse superior y establecer visibles distancias con la sociedad, larva y fermenta la repulsión. Los que así entienden el éxito son los efímeros nuevos ídolos con pies, y por supuesto cerebros, de barro.

Principio 78

Lo peor del miedo es que te derrota sin luchar

Un motor bloqueado es un motor inútil.

No existe mayor congelador de nuestras neuronas que este huracán gélido llamado miedo, porque las bloquea e inutiliza. Cuando el miedo nos invade nos estamos negando a nosotros mismos, fulminamos de un solo golpe nuestro grandioso don de discernir y actuar, y al hacerlo estamos sometiendo y encadenando nuestra voluntad a la de nuestro opresor. Tú ya no eres de ti: eres del otro.

La importancia de perder el temor, en determinados momentos y circunstancias de la vida adquiere un valor extraordinario, porque significa luchar por el cambio o arrodillarse al sometimiento.

Desde un punto de vista colectivo, el no temor ha significado el impulso imprescindible para la prosperidad de países y, por supuesto, civilizaciones.

Los eternos opresores se constituyeron (y hoy lo siguen haciendo) decretando negaciones, asfixiando libertades, cegando conocimientos. Y todo lo insonorizan con la más repulsiva de las coberturas: la del miedo psicológico, demasiadas veces todavía rematado por el físico. Su maquiavélica táctica siempre es la misma: tratan por todos los medios de abortar cualquier embrión de libertad antes de que germine y nazca. Sustituyen ideas por sumisión, bibliotecas por celdas y la capacidad de iniciativa por la muerte vegetativa.

Para entender en toda su dimensión lo que significa no dejarse sucumbir por el miedo, tan sólo hace falta una reflexión: el mundo libre que hoy tenemos, iniciado gracias a la Revolución francesa en 1789 con la gran debacle de los poderes absolutistas, lo debemos fundamentalmente a individuos que, cuando llegó su momento, no temieron.

A nivel de nuestro microclima individual, todo lo expuesto se repite, obviamente en otras dimensiones y circunstancias, aunque el eje del que parte la problemática es el mismo: el abuso.

La sociedad rebosa de jefes, parientes, clientes, politiquillos, funcionarios, comités y camarillas que, en determinados momentos, para conseguir sus fines, o simplemente porque están éticamente descerebrados para discernir y negociar, recurren al miedo: es su arma letal para provocar nuestro pánico.

Frente a estas malas hierbas jamás hay que dejarse impresionar, porque eso es precisamente lo que ellos buscan.

Como dijo un valiente, a lo único que hay que tenerle miedo es al propio miedo. Por eso hay que superar la fuerza y maldad del opresor con la tenacidad, el conocimiento, la sagacidad y la agilidad del liberador. A cualquier nivel. En toda circunstancia. Y siempre.

Principio 79

¿Sólo tienes un problema? ¡Qué suerte! Ahora sólo debes encontrar la solución

A los problemas hay que echarles calma, cinismo, acción y control del tiempo.

La calma es la sedimentación del alboroto, y evita que sus mil y una partículas nos ofusquen la visión. Es recomendable que la calma sea una primera reacción instantánea, pues de lo contrario el nerviosismo lo único que consigue es multiplicar el problema y esconder su solución.

El cinismo es el distanciamiento que nos permite analizar el bosque sin ahogarnos entre las lianas del árbol enfermo. Los problemas acostumbran a ser concéntricos: son remolinos que absorben la atención y frenan la lógica, porque marean la razón. Ante un gran problema, el cinismo es la red de seguridad del discernimiento.

Pero al igual que el éxito es bueno conducirlo, el problema siempre es necesario afrontarlo, porque de nada sirven calma y cinismo si no van rematados por la acción. Los problemas reales no afrontados son como las termitas: aunque los olvidemos y hagan muy poco ruido, siguen devorando la madera y al final acaban hundiendo la casa.

Por último, en toda crisis la percepción y el control del tiempo es determinante.

Cuando el problema es muy íntimo y no está directamente relacionado con otras personas, siempre supone una inmensa ventaja: el tiempo tan sólo depende de nosotros mismos. ¿Te imaginas que encima tuvieras que soportar a un coro de plañideras e inconformistas apretándote todo el día hasta dar con la solución?

Pero cuando hay otros implicados interesados en solucionar o complicar aún más el tema, cada parte tiene su medida particular del tiempo, que puede bascular entre la urgencia absoluta y el roce con la eternidad. Conocer o intuir el tiempo de quienes se nos enfrentan será vital para nuestro éxito. Porque resolver un problema es como la esgrima: la hoja del sable es nuestra razón, pero la empuñadura que dirige el control de nuestros movimientos es el dominio del tiempo.

Nos guste o no, los problemas siempre formarán parte de nuestro existir. Son la cara oculta de nuestra Luna, ese lado oscuro que, por más que no queramos ver, existe y siempre nos acompañará.

Encontrar la solución al problema es lo que nos permite no retroceder e incluso alcanzar el éxito. En su parcela, a cada uno le toca resolver los suyos con todo el ánimo, convicción y fortaleza. Las ayudas rápidas y honestas siempre son convenientes, aunque al final siempre serás tú, con toda tu soledad y fortaleza, quien deberá resolver.

En cualquier caso, jamás olvides que lo único que no tiene solución es la muerte. El resto sólo son problemas efímeros, que siempre tienen una solución.

Principio 80

Todo negocio se sustenta en dos piernas: credibilidad y rentabilidad

Todo negocio es como todo cerebro: tiene dos hemisferios.

Si nos referimos al cerebro, nuestro hemisferio izquierdo absorbe y trabaja lo verbal, analítico, simbólico, abstracto, temporal, racional, digital, lógico y lineal, mientras que el hemisferio derecho lo hace con lo no verbal, sintético, concreto, analógico, atemporal, no racional, espacial, intuitivo y holístico.

Ahora, si nos referimos a actividades ejercidas desde la perspectiva de poder vivir de ellas (léase negocio), en mi opinión el hemisferio izquierdo absorbe y trabaja la credibilidad, que se puede desdoblar en imagen pública y privada, resultados, experiencia, empatía, idoneidad, tenacidad, entereza, capacidad para crear paz y estímulo entre los colaboradores, ratios de recomendación y permanencia de los clientes. Mientras, el hemisferio derecho lo hace desde la perspectiva del beneficio: el real actual, la historia financiera reciente, dominio del crédito financiero, control de ingresos y costos, idoneidad y costo de la estructura, capacidad para comprar y vender con margen suficiente, paz social con posibles socios y liquidez.

Si en los dos hemisferios el riego sanguíneo es

fluido y no se vislumbran riesgos de trombosis, con toda seguridad hay negocio.

Cuando en uno de los hemisferios se manifiesta un hiperdesarrollo mientras en el otro existe una evidente anemia cerebral, se producen los siguientes resultados.

1.- En el supuesto de una alta credibilidad, acompañada de anemia económica, lo primero que hay que hacer es despedir a quien se ocupa de la gestión financiera y buscar inmediatamente un buen responsable.

2.- En el caso opuesto, alta rentabilidad con abstemia de credibilidad, es evidente que uno ha dado con un filón o chollo que, como siempre, pronto o temprano se agotará a no ser que se compren urgentemente los servicios de buenos consejeros de imagen.

3.- Resumiendo, cuando uno de los dos hemisferios falla, estamos ante un nuevo rico con tendencia al fracaso o bien ante un personaje altamente reconocido, pero con el bolsillo de la cartera cosido.

Principio 81

¿Mandas o convences?

El estilo con el que uno se comunica es un hecho cultural de primera magnitud por dos causas: acostumbra a condicionar la comprensión y actitud de quien recibe el mensaje, al tiempo que crea un estilo de interrelación que puede llegar a ser fundamental en los comportamientos, con sus obvias consecuencias.

A quienes tienen cierta capacidad para dirigir, ordenar o encauzar la vida de otros, les conviene reflexionar sobre el tono y el estilo que emplean, porque ambos configuran el envoltorio de su comunicación: son la piel de su fruta.

El tono de voz y los gestos faciales y corporales son, en muchas ocasiones, tanto o más determinantes que el contenido real de lo que se dice. Lo que domina y absorbe las neuronas del oyente son el volumen y la entonación de la otra voz, así como la gesticulación que se adopta mientras se le habla. La forma pasa a dominar el fondo del mensaje. La forma se convierte en fondo.

La reiteración en el tiempo hace que el interlocutor otorgue y fije a quien le habla una personalidad y un estilo que puede llegar a ser determinante en la relación. Es principalmente por eso que unos etiquetan a otros de amables, déspotas, profundos, chabacanos, útiles, despreciables y los mil y un etcéteras que queramos añadir.

Mandar o Convencer pueden ser dos polos

opuestos y antagónicos, o pueden fundirse en una unidad de amable convivencia y efectividad.

Mandar es conseguir que otro cumpla lo que se le ordena.

Convencer es educar a otro para que haga lo que conviene.

Mandar significa asir las neuronas del interlocutor, rodearlas y no permitirles la menor salida: se les golpea hasta compactarlas, de manera que no intenten aspirar al menor conato de discernimiento ni posible aportación. Quienes así actúan creen que las huellas marcadas en el cerebro son la única garantía de obediencia.

Mandar excluye del formidable ejercicio de pensar, crear y proponer a todo aquel que no ostente el mando y el control. Mandar niega el ser y obliga al estar.

Convencer significa aproximarse a las neuronas del interlocutor y envolverlas sin brusquedades hasta ir penetrando en ellas. Es un trabajo de filigrana, de ir abriendo túneles y galerías hasta llegar al núcleo del entendimiento y el acuerdo, de forma que nuestro deseo o necesidad se fundan con las de nuestro interlocutor y pasen a formar parte de su conciencia solvente y civilizada. No ordenamos: educamos. No imponemos: compartimos.

Convencer expande el maravilloso ejercicio de pensar, crear y proponer, porque las neuronas, cuando se las oxigena sienten que respiran. Un «cerebro a cerebro» de entendimiento (es lo mismo que una respiración «boca a boca», aunque un poco más arriba) hace que el cerebro recupere con prontitud su propia vida.

Convencer permite ser y reconforta el estar.

Adicionalmente, conviene recordar a quienes desde cualquier posición ejercen el difícil arte de dirigir, ordenar o encauzar (no importa que sea a individuos concretos o a masas inmensas), que todo machaqueo y abatimiento de neuronas va a ser tan transitorio como su mandato. Todo cerebro posee una configuración elástica que le permite, una vez que deja de estar injustificadamente aplastado, recuperar su textura original, casi siempre con un grado de erección superior al que anteriormente tenía.

Principio 82

La frase oportuna es el machete que abre camino en la selva

«Entre bomberos no nos pisemos la manguera» es un dicho que expresa mucho más que el mejor ensayo literario sobre la conveniencia de no entorpecerse entre quienes secundan una causa común.

«Mi vecino está cabreado porque me robó la gallina» es un mayestático corte de mangas a quien en lugar de excusarse por una mala acción, encima y además, se ofende.

En algo tan trascendente como la comunicación oral, el «dicho» es la cumbre de la expresión porque reúne una suma de mínimos de sencillez, cotidianidad y concreción que unidos se multiplican hasta superar, como un rayo lingüístico, la argumentación más racional y culta.

El «dicho» es una obra maestra de la sencillez y la simplificación: no pretende ser docto, ilustrado o circunflejo. Triunfa porque todos lo entienden a la primera. «Escoba nueva barre bien.»

Siempre recurre a escenarios o cosas definitivamente cotidianas. «Un clavo saca a otro clavo.»

Y es una obra maestra de concreción. «La abundancia mata el hambre.»

En mi larga vida profesional, cuanto mayor ha sido la trascendencia del problema y mayor la capacidad intelectual del interlocutor, más me ha servido y me he servido del «dicho» por una sola razón: para conectar dos cerebros, su oportunidad e idoneidad significan el atajo más corto y directo para sintetizar actitudes y motivar a la acción.

En mis horas con Felipe González, un grandioso estadista, y con Jordi Pujol, el mejor pragmático del posibilismo, cuando todo estaba al rojo vivo, la llave que desbloqueaba cualquier planteamiento no era ni el gran análisis, ni la extensa información, ni los irrebatibles datos. Era el «dicho», ese machete que corta lianas, abate hojarasca inútil y descubre el inicio de nuevas sendas y horizontes.

Es difícil, me atrevo a decir que imposible, que cualquier premio Nobel de Literatura, de Economía o de la Paz pueda superar cualquiera de estos «dichos»:

> La prosperidad hace amistades: la adversidad, las prueba.
>
> El ojo del amo engorda el caballo.
>
> La de los huevos soy yo, dijo la gallina.
>
> La fiebre no está en la sábana.
>
> La esperanza es lo último que se pierde.
>
> La fe mueve montañas.
>
> Entre los ciegos el tuerto es rey.
>
> La avaricia rompe el saco.
>
> El dinero no es Dios pero hace milagros.

Un buen libro es un tesoro: cada página es un pan de oro.

El movimiento se demuestra andando.

Una golondrina no hace verano.

La ley del embudo: para mí lo ancho y para ti lo agudo.

Principio 83

El orgullo es un fijador de pelo que atraviesa el cráneo

Hay personas que son imanes. Tienen el don de irradiar y contagiar una atracción especial sobre quienes les rodean, porque su interés hacia los demás los vuelve interesantes, su simpatía los hace agradables y su proximidad los convierte en asequibles y cómodos.

A igualdad de conocimientos con otro, una persona imán siempre tiene ventaja, porque a todos nos gusta sentirnos bien con quienes nos debemos relacionar. Conseguir un cierto reconocimiento público de «persona agradable» es un plus competitivo que en muchas ocasiones se convierte en el gramo definitivo para volcar a su favor determinadas decisiones. La simpatía es pegamento humano, y al igual que el pensar, también es gratis.

Su anverso es el orgullo, entendido como la creación de un entorno personal de superioridad que promueve distancias con los demás. Las personas realmente orgullosas, que curiosamente acostumbran ejercer al cuadrado porque además de serlo se muestran orgullosos de su orgullo, siempre consiguen el efecto que buscan: distanciarse de los demás.

En un mundo abierto y supercompetitivo, en el que cada uno va con su oferta personal, la actitud de aproximación y entendimiento se convierte en nuestro envoltorio, porque la energía que se emana determina la primera impresión de cómo se nos ve e, inmediatamente, de cómo se nos entiende. Y así como la simpatía es un envoltorio atractivo y sugerente, el orgullo es rasposo y distante.

La superioridad desarrolla su poder cuando es reconocida sin ninguna imposición, tan sólo por el atractivo que emana. La que se trata de imponer desde el orgullo y la distancia es el repelente de la relación humana. ¿Y sabes lo que consiguen los repelentes?

Principio 84

¿Empezamos a pensar que debemos pensar?

Pensar es llevar el cerebro a dar un paseo para que descubra nuevos paisajes. Conseguirlo requiere buscar momentos apacibles, aquellos en los que el sol ilumina con la diáfana claridad que elimina toda sombra, cuando no existen tensiones atmosféricas, nubarrones, lluvias o tempestades siempre perecederos que restan profundidad y definición a la visión.

Pensar es el triunfo y el recreo del cerebro.

A nivel individual todos tenemos horarios y tiempos para comer, dormir, asearnos, desplazarnos, ver la tele, leer el diario, hacer deporte y otras cien ocupaciones. A nivel empresarial toda organización dispone de sistemas financieros, de producción, distribución, ventas, posventas y mil y un postetcéteras.

La pregunta, sea a nivel personal o empresarial, es: ¿tenemos prefijados horarios, tiempos y sistemas para pensar? ¿O tan sólo recurrimos a nuestra más decisiva y determinante capacidad cuando surgen problemas y buscamos cómo resolverlos?

El pensar ocasional, como parche para crisis o masaje para calambres, es la mayor pérdida de capacidad y energía para poder ejercer nuestra condición de humanos.

El acto de pensar en libertad, sin coacción ni

limitación, entendido como el máximo potencial para la visión del futuro y su entorno, es lo que ha hecho realmente grande a personas, organizaciones, empresas y países.

Sistematizar, estimular y potenciar el pensamiento individual y el colectivo, como palancas para hallar y activar nuestros grandes sueños y para germinar e impulsar nuevas ilusiones, es saber utilizar nuestro mayor don natural.

Y con perdón por la insistencia, y repetido como cierre de todo lo escrito en este libro, una vez más conviene recordar que pensar es... ¡gratis!

Principio final

Siempre hay que saber dar las gracias

El acto de escribir un libro es uno de los trabajos más solitarios que existe. Concebir, seleccionar, ajustar y unir miles de palabras es uno de los ejercicios de ingeniería y tornillería más refinados de las neuronas. Será por eso que, cuando el escritor no les facilita niveles dignos de silencio y paz, con toda la razón se niegan a ser activadas.

Pero antes del torno y la pulidora existe el proyecto que, como en toda creación libre, siempre nace de un vuelo de la inspiración y va tomando forma con la energía de la aspiración. Y ahí, los cerebros y los corazones de los buenos amigos son alas y motores.

Alas fueron las que me regaló Pere Sureda cuando hace unos años me aconsejó el proyecto y me insistió hasta la digna pesadez en su materialización. Pere es un editor del carajo; si él no hubiera nacido, este libro tampoco.

Alas han sido y son las que me dio y da Ángela Becerra, la escritora de mi vida. Sus miradas son soplos de aire fresco; su sinceridad leyendo mi manuscrito son ventoleras de talento; su compañía es un suave huracán de vida y energía.

Alas fueron las que me agitó Noemí Sanín, una mujer dotada de dos cerebros excepcionales, el humano y el político. Líder magnífica y serena de mi segunda patria, Colombia, en una apacible conversación me aconsejó que hablara sobre el miedo. Del «Principio 78» ella es la madrina.

Después, cuando el gran hijoputa que te absorbió tanta sesera y seso descansa en una pila de folios mientras te observa con indiferencia, llega el momento de la fe en la palabra escrita. Es el momento de los motores.

Motor ha sido Carles Revés, el director editorial del Grupo Planeta, lector infatigable de folios expectantes, porque creyó en éstos con fuerza y optimismo. Siempre le estaré profundamente agradecido por haberme puesto en la órbita de su Planeta.

Motor ha sido David Figueras, el editor de este *Piensa, es gratis*, porque sin pensárselo dos veces puso toda su profesionalidad y meticulosa eficacia para hacer suave y alegre el despegue de esta edición.

Ahora sólo tengo que mirar a las estrellas y pedirles que este libro pueda, en alguna y cierta medida, ser motor para ti, estimado lector. Sin tu adhesión, este libro no es nada. Por eso, por haber estado intelectualmente unidos durante unas horas, ahora y siempre quiero expresarte un profundo gracias.